노자와
탈현대 문명

노자와
탈현대 문명

초판 1쇄 인쇄 2018년 1월 11일
초판 1쇄 발행 2018년 1월 22일

지은이 홍승표
펴낸이 김승희
펴낸곳 도서출판 살림터

기획 정광일
편집 조현주
북디자인 꼬리별

인쇄·제본 (주)현문
종이 월드페이퍼(주)

주소 서울시 양천구 목동동로 293, 22층 2215-1호
전화 02-3141-6553
팩스 02-3141-6555
출판등록 2008년 3월 18일 제313-1990-12호
이메일 gwang80@hanmail.net
블로그 http://blog.naver.com/dkffk1020

ISBN 979-11-5930-055-4 93100

노자와
탈현대 문명

홍승표 지음

살림터

『노자』는 내 삶과 학문에서 특별한 책이다. 25년 전 나는 대학 취업 문제로 극심한 스트레스를 겪고 있었다. 몇 달 사이에 내 머리는 백발로 변했다. 게다가 머리를 감을 때마다 머리카락이 한 움큼씩 빠져서 수챗구멍이 막힐 정도로 나는 빠르게 대머리가 되어갔다. '부당하다!' 는 생각이 나를 사로잡았고, 증오심과 좌절감 속에서 시간을 보내고 있었다.

그러던 어느 날, 나는 우연히 대학 시절에 구입했던 문고판 『노자』를 읽게 되었는데, 놀라운 경험을 했다. 『노자』를 읽어나가면서 깊은 감동을 받았고, 내 마음의 상처가 치유되는 느낌을 받았다. 상황은 변한 것이 아무것도 없는데, 이전보다 평화로워진 나를 발견하게 되었다.

나는 무척 놀랐다. 동양사상은 나와는 너무나 동떨어진 세계였으며, 나는 미국에서 사회조사방법을 전공한 극히 계량적인 사회학자였다. 나는 『노자』가 갖고 있는 치유력에 놀랐다. 그리고 사회학도로서 이런 생각을 했다. '『노자』가 상처 입은 내 마음을 치유해줄 수 있다면, 상처 입은 현 인류의 마음도 치유해줄 수 있지 않을까?'

그래서 나는 『노자』를 바탕으로 2편의 논문을 썼다. 〈노자의 사회사상과 진화론적 세계관〉과 〈다툼의 문제에 대한 노자의 견해〉가 그것이다. 이것이 내 학문의 일대 전기가 되었다. 나는 더 이상 실증적인 연구를 할 수 없었다. 무의미하게 느껴졌기 때문이다. 스승을 찾아 동양사상을 공부했고, 나는 그 속에서 커다란 사회학적인 비전을 발견했다.

그 후 25년은 '동양사상과 탈현대 문명'이 내 학문의 화두가 되었다. 학자로서 나는 행복했고, 외골수로 새로운 학문에 정진했다. 그 과정에서 뜻을 함께하는 많은 도반을 만나게 되었다. 공부의 결실로 여러 권의 저서를 출판했다.『깨달음의 사회학』(2002),『동양사상과 탈현대』(2005),『노인혁명』(2007),『동양사상과 새로운 유토피아』(2010),『동양사상과 탈현대적 삶』(2011),『탈현대와 동양사상의 재발견』(2012),『주역과 탈현대 문명』(2014), 그리고 지금『노자와 탈현대 문명』이다. 여덟 번째 책이지만, 위에서 적은 이유로 나에겐 특별한 의미를 갖고 있는 책이다.

25년 전에 내가『노자』에서 본 것과 지금 이 책에 담긴 내용은 정교함과 구체성에서 많은 변화가 있긴 하겠지만, 본질적으로는 동일한 것이다.『노자』에는 '강자의 철학'이 팽배해 있는 현대 사회의 근본적인 문제에 대한 비판이 담겨 있다. 그리고 약한 것이 존중받는 새로운 세상에 대한 비전이 풍부하게 담겨 있다. 나는 『노자』 속에 담겨 있는 이런 메시지들을 형상화해서, 현대 문명 비판과 탈현대 문명을 디자인하는 데 활용하고자 했다.

현재 인류는 현대 문명의 자궁을 벗어나서 탈현대 문명이라는 넓고 새로운 세상으로 나아가야만 하는 문명 대전환기를 살아가고 있다. 우리 시대를 돌아보면, 인공지능을 위시한 4차 산업혁명이 맹렬한 속도로 진행되고, 다문화사회의 보편화, 여가 중심적인 삶의 구조, 세계화의 물결 등 탈현대 사회구조가 확산되고 있다. 그러나 현 인류는 현대 노동가치관, 자아확장투쟁으로서의 삶에 대한 인식, 분리와 차별, 민족주의 등 현대 세계관에 고착되어 있다.

현대 세계관에의 고착과 탈현대 사회구조의 확산은 필연적으로 광범위하고 격렬한 현대와 탈현대 간의 문명 충돌을 빚고 있다. 낡은 현대 세계관을 청산하고, 탈현대 사회구조와 조화를 이룰 수 있는 탈현대 세계관을 갖는 일이 시급하다. 이는 작게는 인류의 운명, 그리고 크게는 지구의 운명을 갈라놓을 중대한 과제이다.

어떻게 세계관의 전환을 이룰 것인가? 오래된 『노자』 속에는 이에 대한 생생한 비전이 풍부하게 담겨 있다. 나는 이 책 속에서 탈현대에 대한 노자의 비전을 형상화하고자 했고, 이를 통해 인류의 미래를 위한 작은 기여를 하고자 한다.

사랑하는 손녀 수지와 수지 엄마 보람에게 이 책을 선물한다.

차례

1.

문명은 어디로
나아갈 것인가

문명의 미래에 대한 위험천만한 가정은 지금까지의 변화가 누적되는 방식으로 미래가 우리에게 다가올지도 모른다는 것이다. 그러나 서구 중세 사회나 조선 사회가 더 무르익어 현대 문명이 도래한 것이 아니라, 전현대 문명의 폐허 위에서 현대 문명은 건설되었다. 현대 문명에서 탈현대 문명으로의 전환도 이와 같다. 그런데 전현대에서 현대로의 전환기에 가졌던 그릇된 가정은 현대 문명의 도래를 단지 지연시킬 따름이지만, 현시점에서의 그릇된 가정은 문명의 파국을 초래할 수도 있다.

　　문명은 지금 어디에 위치해 있고, 어디로 나아가야 하는가? 『노자』를 통해 이 질문에 대한 답을 찾아보았다. 노자의 관점에서 보면, 문명은 자연으로부터 점점 더 멀어지는 운동을 거듭해왔다. 앞으로도 그럴 것인가? 아니다. 물극필반, 즉 우리는 이제 다시 자연으로 돌아가는 운동을 위한 전환점에 서 있는 것이다. 오늘날 지구촌에서 일어나고 있는 혼돈들은 문명의 운동 방향이 뒤바뀌는 전환기 사회의 진통인 것이다.

　　강하고 단단한 것을 추구해왔던 문명은 앞으로 약하고 부드러운 것을 추구할 것이다. 약육강식이 지배하던 전장과 같은 사회는 영속적인 평화의 사회로 전환될 것이다. 이성이 중시되던 사회는 끝이 나고, 영성이 추구되는 시대가 열릴 것이다. 외적인 성취를 중시하는 시대는 막을 내리고, 본성의 실현에 힘을 쏟는 새로운 시대가 열릴 것이다.

문명의 운동법칙
-遠曰反

"커서 나아간다고 말하고, 나아가서 멀어진다고 말하며, 멀어져
서 처음으로 되돌아온다고 말한다[大曰逝, 逝曰遠, 遠曰反]."

『노자』 25장

물리학자들은 대우주가 팽창과 수축 운동을 되풀이한다고 말한다.
자연 속의 모든 것은 이런 팽창과 수축 운동을 되풀이한다. 노자는 이
것이 도의 운동법칙이라고 보았다. 이런 관점에서 보면, 우주 삼라만상
은 모두 도의 운동법칙을 따른다. 문명의 발전과정에도 이 법칙이 적용
될 수 있다.

도의 운동법칙을 문명에 적용했을 때, 나아감[逝]이란 무엇일까? 서逝
란 자연의 상태에서 문명의 상태로의 도약을 뜻한다. 즉, '서'란 문명의
탄생을 가리킨다. 이것이 어떻게 가능했을까? 한마디로 말한다면, 문명
의 탄생은 인류의 두뇌 크기가 부쩍 커졌기[大] 때문에 가능했다. 헤
겔은 변증법적 운동법칙의 하나로 "양적인 증가는 질적인 변화를 초래
한다"라고 말했다. 얼음에 열을 가하면, 어느 순간 고체인 얼음은 액체
인 물로 변화하고, 또한 액체인 물은 기체인 수증기로 바뀐다.

*본 연구는 2016년 계명대학교 비사연구기금으로 이루어졌음.

지구상에 생명체가 생겨난 이래, 고등생명체의 뇌 용량은 끊임없이 증가해왔다. 고등생명체일수록, 생명체는 점점 더 많은 자극을 인지할 수 있게 되었고, 기억의 용량도 비약적으로 증가했다. 또한 상황을 판단하고, 추론할 수 있는 능력도 커지게 되었다. 인류는 이런 생명 진화의 최고점에 위치해 있었다. 그리고 마침내 자연 상태에서 벗어나 문명 상태로의 놀라운 도약을 이루게 되었다.

멀어짐[遠]이란 무엇인가? 원遠이란 도[자연]와 멀어지는 문명의 발전과정을 가리킨다. 문명은 일단 형성되고 나자[逝] 자체적인 발전논리에 따라 발전에 발전을 거듭하게 되었고, 도[자연]로부터 점점 더 멀어지게 되었다[遠]. 1만 년 문명의 역사 동안, 인류는 고대문명을 형성시켰고, 중세 사회를 발전시켰으며, 마침내 현대 문명을 건설했다. 민주주의, 산업혁명, 여성해방, 자유, 기계화와 자동화 등, 현대 문명은 눈부신 발전을 거듭했으며, 마침내 원遠의 절정인 현재에 도달했다.

오늘날 많은 사람들은 인류의 미래가 현대 문명의 연속선상에 있을 것이라고 생각한다. 그러나 현실은 그렇지 않다. 물극필반物極必反, 자연으로부터 멀어지고 멀어진 문명은 다시 '도로 회귀'하는 운동을 시작할 것이다. 이것이 바로 반反이며, 현재가 바로 반전의 타이밍이다.

'반'은 바로 탈현대 문명의 출현을 가리킨다. 반反을 통해 인류 문명은 도道로 회귀하는 운동을 시작할 것이다. 탈현대 문명은 자연[도]을 스승으로 삼고 이를 본받아 형성될 새로운 문명이다. 탈현대 문명에서 사람들은 자연과 같이 겸손하며, 베풀고, 조화롭게 공존할 것이다. 탈현대 문명은 문명 이전의 자연과 그것이 도와 합치한다는 점에서는 같다. 하지만 탈현대 문명 이전에 도와 멀어진 문명보다도 탈현대 문명은 본래의 자연 상태로부터 더 멀리 떨어져 있다. 지금 현 인류는 바로 반反을 통한 문명의 대도약을 앞두고 있는 것이다.

탈현대 문명으로의 운동
-反者 道之動

"돌아감은 도의 움직임이요, 약한 것은 도의 작용이다[反者 道
之動 弱者 道之用]."
『노자』40장

현대 문명으로부터 탈현대 문명으로의 문명 대전환은 현 시대가 담
당하고 있는 최고의 과제이며, 이것은 인류가 지구에 출현한 이래 최고
의 프로젝트이다. 어떻게 문명 대전환을 이룰 것인가? 노자의 이 짧은
구절은 문명 대전환을 위한 지혜가 숨겨져 있다.

'돌아감은 도가 움직이는 방식이다[反者 道之動].' 이것은 현대 문명
에서 탈현대 문명으로의 문명 변동이 어떤 방향으로 일어나야 하는가
에 대한 명확한 인식을 담고 있다. 문명 이전, '모든 존재는 완벽하게
도道와 하나'인 상태였다. 생명체의 탄생과 죽음, 태풍과 지진, 낮과 밤,
물 한 방울이나 먼지 하나까지, 이 지구라는 행성 위에 존재하는 모든
것과 모든 변화는 도와 완벽하게 합치하는 것이었다.

그런데 진화 나무의 가장 높은 곳에 위치한 인류라는 생명체에게
'나와 나를 둘러싸고 있는 세계'를 분리해서 인식할 수 있는 새로운 의
식이 발생했다. 지구 역사상 최초의 도道로부터의 이탈이 생겨난 것이
다. 그리고 이 새로운 의식은 문명 형성의 바탕이 되었다.

1만 년 전 문명이 형성된 이후 오늘날에 이르기까지 도로부터 점점 멀어지는 운동이 계속 되어왔다. 현대 문명이 발생하기 이전까지 지구 상에는 집단 에고가 주도하는 전현대 문명이 형성·발전되었다. 그리고 지금으로부터 500년 전쯤 이탈리아를 중심으로 개별 에고가 주도하는 현대 문명이 생겨났다.

　이 두 문명 간에는 분명한 차이점이 존재한다. 하지만 지금까지 인류가 형성했던 이 두 개의 문명이 모두 도로부터 이탈한 문명이라는 점에서는 동일하다. 도와의 관계에서 볼 때, 양자의 차이점은 현대 문명이 전현대 문명보다 도로부터 더 많이 이탈한 문명이라는 점에서 정도의 차이가 존재할 뿐이다.

　그러나 도로부터 점점 멀어지는 이 문명의 운동은 막바지에 이르렀다. 구심력이 원심력을 이기는 시점이 도래한 것이다. '도자 반지동'의 새로운 운동이 시작되는 것이다. 탈현대 문명은 현대 문명보다 도로부터 더 많이 이탈한 문명이 아니다. 탈현대 문명은 '도와의 합일'이 다시 이루어지는 문명이다.

　그렇다고 해서 탈현대 문명이 문명 이전의 상태로의 회귀를 의미하는 것은 결코 아니다. 나선형의 운동을 보라. 수평적으로 보면, 출발점에서 멀어졌다가 가까워지는 운동이 반복된다. 하지만 수직적으로 보면, 낮은 곳에서 높은 곳으로 점점 출발점에서 멀어지는 운동을 계속한다. 이와 마찬가지로 탈현대 문명과 문명 이전의 상태와의 거리는 탈현대 문명과 현대 문명이나 전현대 문명과의 거리보다 훨씬 멀다.

　우리 시대의 과제는 현대 문명에서 탈현대 문명으로의 문명 대전환을 이루는 것이다. 어떻게 문명 대전환을 이룰 것인가? '약함은 도가 작용하는 방식이다[弱者 道之用].' 이것이 문명 전환의 방법에 대한 노자의 대답이다. 전현대 문명에서 현대 문명으로의 전환을 이룬 방법과 현대 문명에서 탈현대 문명으로의 전환을 이루는 방법은 확연히 다르다. 전자의 경우 투쟁이나 경쟁[强]을 통한 외부세계의 개조가 주된 방법이었다. 하지만 후자의 경우 '참나의 각성'을 통한 내적인 존재 비약이 주된 방법이 된다. 약함을 통한 문명 전환이란 무엇인가? 그것은 에고의 삶과 문명에 대한 끝없는 사랑, 용서, 포용을 통해서 근본적인 문명의 대전환을 이루는 것이다.

음적 세계관

-谷神不死

"골짜기의 신은 죽지 않는다. 이를 현묘한 암컷이라고 부른다[谷神不死 是謂玄牝]."

『노자』 6장

산꼭대기는 높고, 골짜기는 낮다. 산꼭대기는 차 있고, 골짜기는 비어 있다. 그래서 모든 것이 그리로 흘러든다. 이를 현묘한 암컷이라 했는데, 이것이 탈현대 문명을 떠받치는 음적陰的 세계관이다.

현대적인 삶과 문명이 추구하는 것은 산꼭대기이다. 그것은 '높은 곳'이며, '가득 채우는 것'이다. 현대인의 구호는 '보다 높은 곳을 향해서!'이다. 지금은 항상 부족하다. 그래서 현대인은 항상 '더 채우려고' 한다. 이것은 도道와 어긋나는 것이다. 이것은 수컷이 갖고 있는 특징이다. 수컷의 특징인 단단하고 강한 것[剛强]을 추구하는 세계관을 양적陽的 세계관이라고 한다. 양적 세계관은 현대적인 삶과 문명의 기초로 작용하고 있다.

이에 반해서, 탈현대 사회는 음적 세계관을 기반으로 삼는다. 괴테가 여성성 속에서 보편성을 파악했을 때, 바로 그 여성성이 바로 음적 세계관의 '음'에 해당한다고 하겠다. 음적 세계관의 관점에서 보면, 암컷이 갖고 있는 특징인 부드럽고 약한 것[柔弱]이 도道와 가까운 것이다[玄牝].

그래서 탈현대인은 십자가의 성 요한이 말했듯이 자꾸만 낮은 곳으로 낮은 곳으로 내려간다. 그리하여 마침내 가장 높은 곳에 도달한다. 예수는 세상의 가장 낮은 곳으로 내려갔다. 그리고 말했다. "이 세상에서 가장 보잘것없는 사람을 대하기를 나를 대하는 것처럼 하라."

탈현대인의 마음은 골짜기[谷神]처럼 텅 비어 있다. 욕망에 집착하는 마음이 비어 있다. '내가 옳다'는 마음이 비어 있다. '내가 했다'는 마음이 비어 있다. '내가 누구다'라는 마음이 비어 있다. '충만한 텅 빔', 이것이 탈현대인의 마음속이다. 그래서 모든 것이 그의 마음속으로 흘러들어올 수 있다.

탈현대인은 어떻게 이럴 수 있는가? 탈현대인은 '자신이 높은 곳으로 올라가야만 또는 무언가를 더 채워야만 가치가 있을 만큼 하찮은 존재가 아님'을 자각하고 있기 때문이다. 그는 나이 들어 갈수록 점점 더 부드러워진다.

공자가 말한 이순耳順은 노년기에 이른 탈현대인이 도달할 수 있는 경지이다. 나이 들수록 귀가 순해져서, 이제 자신의 신념과 반하는 어떤 이야기를 들어도 마음속에서 저항이 일어나지 않는다. 나이 들수록 점점 부드러운 존재가 되어가는 것이다. 이는 나이 들어 갈수록 점점 딱딱해지는 현대 노인과 대비되는 모습이다. 그래서 현대 노인은 나이 들어 갈수록 외로워지지만, 탈현대 노인은 나이 들수록 아이들과 젊은이들이 그의 주변으로 몰려든다. 골짜기에 모든 것이 모여드는 것과 같은 이치이다.

2.

현대 사회 비판

현대 사회는 인류가 탈현대로 나아가는 길에 꼭 거쳐야만 하는 간이역이다. 암흑시대로서의 중세 사회에 빛을 비추고 활력이 넘치던 현대 초나 중기와 달리, 현대 말·탈현대 초에 이른 오늘날, 현대는 또 하나의 암흑시대가 되었다. 경제성장의 광기, 자아확장투쟁으로서의 삶, 환경파괴, 인간 소외 등은 음울한 현대 자화상의 일부이다. 우린 탈현대의 눈으로 무도한 암흑시대로서의 현대에 빛을 비추어야 한다.

도와 어긋난 현대 사회
-物壯則老

"만물은 장성하면 노쇠해진다[物壯則老]. 이를 도가 아니라고
하는데 도가 아니면 일찍 끝난다[是謂不道 不道 早已]."

『노자』 30장

이것은 현대 문명에 대한 통렬한 비판이다. 노자의 관점에서 본다면,
현대 문명은 도와 어긋난 문명이며, 일찍 끝날 수밖에 없는 문명이다.

현대는 무도한 사회이다. 다윈의 진화론에서는 약육강식을 자연 상
태로 간주하며, 이런 진화론적인 관점이 현대 사회에 팽배해 있다. 현
대기의 역사는 제국주의의 역사이다. 군사 제국주의, 정치 제국주의,
경제 제국주의, 문화 제국주의 등, 강자는 약자 위에 군림하면서 약자
를 경멸하고 착취하고 모욕하며, 약자에 대한 힘의 지배를 관철하고자
한다.

다윈과 달리 노자는 약육강식을 부자연스러운 상태, 즉 도와 어긋
나는 상태라고 간주한다[以道佐人主者 不以兵强天下]. 왜 노자는 약
육강식을 도와 어긋나는 것이라고 했을까? 질문을 바꾸어본다면 도와
합치하는 것은 무엇일까? 도와 합치하는 것은 겸손한 것이다. 상대편
을 존경하는 가운데 서로 조화로운 공존을 이루는 것이다.

왜 이것이 도와 합치하는 것일까? 그 이유는 인간이란 도와 하나가 될 수 있는 위대하고 아름다운 존재이기 때문이다. 도의 관점에서 보면, 인간은 파도가 아니라 바다이고, 태양을 가리고 있는 구름이 아니라 태양이며, 에고가 아니라 '참나'인 것이다. 이런 도와 하나인 자신과 상대편에 대한 자각이 이루어졌을 때, 우리는 저절로 겸손해진다. 개체로서의 내가 약하다거나 강하다는 것은 아무것도 아니다. 높은 파도 하나와 낮은 파도 하나가 (도의 관점에서) 자신을 바다라고 생각했을 때, 자신이 상대편보다 높다든가 낮다는 것은 아무것도 아니다. 그런데 만일 자신이 높은 파도라고 해서 낮은 파도 위에 군림하려 한다면, 이것은 도에 어긋나는 것이다.

우리는 상대편보다 약하다거나 강하다는 것을 훨씬 넘어서 있는 존재이다. 우리는 자신을 파도라고 생각하고, 파도로서의 자기 자신을 더 크고 더 높게 만들려고 하는 노력을 중지하게 된다. 그리고 낮은 것과 높은 것이, 약한 것과 강한 것이, 낮고 높고 약하고 강한 채로 조화로운 공존을 이루게 된다. 이것이 바로 탈현대 사회상이다.

그러므로 약육강식의 원리가 팽배해 있는 현대 사회는 도와 어긋난 사회이다. 도와 어긋난 것은 오래가지 못하며 반드시 실패한다. 노자가 '물장즉로物壯則老'라고 하면서 '장壯'은 '도가 아니다[不道]'라고 말했을 때, 이때 장壯은 자연스러운 장성함이 아니라 '힘에 의한 지배를 관철하고자 함'을 의미한다.

오늘날 미국이나 중국과 같은 강대국의 약소국에 대한 태도가 바로 '장壯'에 해당한다. 모든 국가들은 강대국이 되기 위해 전력을 기울이며, 일단 강대국이 되면 약소국 위에 군림하고자 한다. 그러나 역사가 말해주듯이 힘에 의한 지배는 오래가지 못한다. 뿐만 아니라 힘에 의한 지배가 일시적으로 성공한다고 하더라도 궁극적인 의미에서는 실패이며, 성공할수록 더 큰 실패를 의미한다는 점에서 그것은 원천적인 실패인 것이다.

힘에 의한 지배를 추구하는 것은 무력감에서 비롯된다. 무력감의 근원은 내가 파도라고 하는 현대 인간관이다. 인간을 분리된 개체[에고]로 인식하는 현대 인간관의 관점에서 보면, 인간은 자신에 맞서 있는 거대한 세계를 어떻게도 할 수 없지만, 거대한 세계는 자신을 요리사가 밀가루 반죽을 주무르듯이 마음대로 휘두를 수 있다. 현대 인간관은 존재론적인 무력감을 양산하는 것이다.

무력감은 강박적인 힘에 대한 추구를 낳게 되는데, 이것이 국가적인 차원에서 표출된 것이 강대국에 대한 추구이다. 도의 관점에서 보면, 이것은 출발점에서부터 '나의 존재에 대한 착각'에서 비롯된 것이며, 그 추구 자체가 소외이다. 그러므로 약육강식의 세계란 성공과 실패를 떠나 소외된 세계이며, 많은 고통을 양산하는 불행한 세계인 것이다.

죽음을 얻을 수 없는 현대 사회
-益之而損

"강량자는 그 죽음을 얻을 수 없다[强梁者 不得其死]." 『노자』 42장

강량자強梁者란 강하고 굳셈을 추구하는 존재를 가리킨다. 강량자는 현대인이기도 하고, 현대 사회를 가리킬 수도 있다. 이 구절은 노자가 현대인과 현대 사회에 주는 강력한 경고 메시지이다.

현대 사회는 강량자들의 사회이다. 도는 부드럽고 약한 것인데, 강량자는 강하고 굳셈을 추구한다. 즉, 강량자란 도와 어긋난 삶을 살아가는 사람이다. 강량자의 결말은 무엇인가? 그는 "그 죽음을 얻지 못한다[不得其死]." '그 죽음을 얻지 못함'이란 무엇을 의미하는가? '비참하고 고통스럽게 죽어갈 것임'을 의미한다.

무릇 솟아오른 파도는 반드시 떨어지며, 태어난 것은 죽음을 맞이한다. 강량자 역시 죽음을 맞이하지만, 그는 평화롭게 죽음을 맞이할 수 없다. 히틀러나 스탈린과 같은 강량자가 평화로운 죽음을 맞이할 수 있었겠는가! 강량자인 현대인 일반은 평화로운 죽음을 맞이할 수 없다. 권력의 상실, 파산, 인기의 추락과 같은 작은 죽음이건 생명활동이 끝을 맺는 큰 죽음이건 모두 마찬가지이다.

강량자에게 있어서 손실은 손실일 뿐이다. 그는 결코 손실이 이익임

[損之而益]을 알 수 없다. '손실이 이익[損之而益]'이란 노자의 말의 의미는 무엇인가? 손실이란 누구에게 손실인가? 손실이란 에고[분리된 개체로서의 나]가 입는 손실이다. '참나[우주적인 존재로서의 나]'는 손실을 입을 수 없다. 손실이란 무엇인가? 에고의 팽창 운동이 좌절을 경험하는 것이다.

에고의 좌절과 상처는 '참나'가 깨어나 활동할 수 있는 기회가 된다. 그래서 에고가 손실을 입는 것은 '참나'에게는 이익이 될 수 있는 것이다[損之而益]. 그러나 현대인은 강량자이다. 그는 에고의 틀 속에서만 일어난 일을 해석하고 평가할 수 있을 뿐이다. 그러므로 강량자인 현대인에겐 손실은 단지 손실일 뿐 결코 이익이 될 수 없는 것이다.

누구나 이익만을 계속 거듭할 수는 없다. 언젠가는 손실을 겪을 수밖에 없다. 그리고 최종적이고 결정적인 손실인 죽음은 누구에게나 다가온다. 인생에서 겪는 작은 손실도 이익으로 변용할 수 없는 현대인이, 죽음이라는 커다란 손실에 담긴 큰 이익을 볼 수 있겠는가! 그것은 불가능한 일이다. 그래서 그는 올바른 죽음을 얻을 수 없으며[不得其死], 비참하게 죽어간다. 강량자인 현대인은 손실이라는 파도가 밀려올 때마다 좌초하게 된다.

42장에서 왕은 누구를 가리키는가? 왕은 탈현대인이다. 탈현대 사회는 왕들의 사회이다. 그는 '이익이 손실임[益之而損]'을 안다. 그래서 이익의 한가운데에서도 '나야!', '내가 해냈어!'라고 말하지 않는다. 오히려 그는 자신을 외로운 사람[孤], 모자란 사람[寡], 쭉정이[不穀]라고 부른다. 그래서 그는 올바른 죽음을 얻는다[得其死].

탈현대인도 현대인과 마찬가지로 이익과 손실을 경험하며, 마지막에는 커다란 손실인 죽음에 직면한다. 그러나 그는 '이익이 손실임[益之而損]'을 알며, 또한 '손실이 이익임[損之而益]'을 안다. 그래서 그는 이익의 파도이건 손실의 파도이건 간에 좌초하지 않으며, 훌륭한 파도타기 선수가 되고, 인생의 예술가가 된다. 그는 마침내 평화롭고 장엄하게 죽음을 맞이한다.

도둑의 영화를 누리는 현대 사회
-盜夸 非道

"조정은 심히 여유가 있으나 전답은 심히 황폐하고, 창고는 텅 비어 있으나 문채 나는 옷을 입고 날카로운 칼을 차고 음식을 싫증 나도록 먹으면서 재물이 넘쳐나는 것을 일컬어 도둑의 영화라고 하는데 이는 도가 아니다[朝甚除 田甚蕪 倉甚虛 服文綵 帶利劍 厭飮食 財貨有餘 是謂盜夸 非道也哉]."

『노자』 53장

이 구절은 노자 시대의 풍경화이나 또한 현대 사회의 풍경화라 해도 무방하다. 현대 사회는 도둑의 영화를 누리는 사회이다.

현대 사회의 외관을 살펴보면 영화롭다. 사람들은 문채 나는 옷을 입고[服文綵], 싫증 나도록 음식을 먹으며[厭飮食], 재물이 넘쳐난다 [財貨有餘]. 그러나 화려한 현대의 외관 뒤에는 짙은 어둠이 드리워 있다. 부자들 뒤편에 살고 있는 많은 가난한 사람들, 부자 나라 뒤편에 존재하는 많은 가난한 나라들, 인간의 호사 뒤편에서 신음하는 자연 등이 바로 그 어둠이다. 그들은 도둑의 영화를 누리고 있는 것이다.

그러나 더 근본적인 문제는 이것이다. '도둑의 영화는 도가 아니라는 것.' 그렇다면 우리 시대의 도는 무엇일까? 엄청난 과학기술의 발전은 전 인류가 함께 풍족한 삶을 누리는 것을 가능케 하고 있다. 친환경적인 과학기술의 발전을 통해 자연과 조화를 이루는 문명 건설이 가능하다. 이와 같이 '어둠을 전제로 하지 않는 영화', 이것이 우리 시대의 도이다.

우리 시대의 도를 어떻게 누릴 수 있을까? 그것은 지극히 쉽다[大道는 甚夷]. 오직 욕망 충족을 목적의 자리에서 내려놓기만 하면 된다. 생존을 위해 그리고 편안한 삶을 위해 어느 정도의 욕망을 채워야 하는 것은 사실이지만 욕망을 채우는 것이 삶의 궁극적인 목적이 될 수는 없다. 삶의 궁극적인 목표는 '참나'를 자각하고 활동시킴으로써 진정한 의미에서 인간다운 인간이 되는 것이다.

도란 이렇게 쉬운 것이다. 그러나 현대인은 넓은 대도보다 굳이 좁은 골목길을 좋아한다[民好徑]. 왜 이런 것일까? '에고가 나'라고 하는 망상에 사로잡혀 있기 때문이다. '분리된 개체로서의 나'가 '진짜 나'라고 생각할 때, '분리된 개체로서의 나'는 근원적으로 왜소하고, 유한하며, 무의미하고, 무력한 존재이기 때문에, 이런 유한함, 무력함, 무의미함으로부터 벗어나기 위한 강박적인 노력을 기울이게 된다. 이런 강박적인 노력으로서의 삶, 그것이 바로 현대인의 삶이다.

현대인의 삶의 중심에 욕망의 추구가 있다. 현대인은 강박적으로 욕망을 추구하는 삶을 살아가는 것이다. 그래서 이미 상당히 부유한 사람도 더 많은 부를 추구하며, 이미 꽤 예쁜 여성도 성형외과의 단골 고객이 되고, 이미 인기가 꽤 많은 사람도 인기에 전전긍긍한다. 욕망은 더 이상 필요의 영역이 아니라 목적의 영역이기 때문이다. 거기에는 결코 만족이나 멈춤이 없다.

그 결과는 무엇인가? 모두가 불행한 세상이다. 가난한 나라의 가난한 사람들만이 불행한 것이 아니다. 부자 나라의 부자들도 행복하지 않다. 그들은 획득한 많은 것을 지키고자 그리고 더 확장하고자 거칠고 긴장된 삶을 살아간다. 뿐만 아니라 더 근본적인 문제는 그들은 '존재의 깊은 차원'에 닿을 수 없는 소외된 삶을 살아가고 있다는 점이다. 그래서 현대의 화려한 외관 뒤에서 현대인은 스스로 불행하며, 상대편에게 고통을 주는 소외된 삶을 살아가고 있는 것이다.

아낌 결핍증에 걸린 현대 사회
-治人事天 莫若嗇

"백성을 다스리고 하늘을 섬기는데 아낌만 한 것이 없다[治人事
天 莫若嗇]."

『노자』 59장

노자는 아낌[嗇]이 모든 것의 근본이 된다고 말한다. 여기서, '아낌'
이란 무엇일까? '아낌'이란 도에 어긋나는 것을 아끼는 것을 의미한다.
예를 들어, 과도한 욕심을 부리는 것[過慾], 과도하게 많은 생각에 사로
잡히는 것[過思], 과도하게 음식에 탐익하는 것[過食], 과도하게 일중독
으로 자신을 혹사하는 것[過勞] 등은 모두 도에 어긋난 것이며, 아낌
의 대상이 된다. 구체적으로 아낌이란 무엇을 가리키는 것인가를 살펴
보자.

아낌이란 '일어난 상황에 저항하는 마음'을 아끼는 것이다. 에고는
일어난 상황에 저항한다. 저항은 막대한 에너지를 소모한다. 저항하면
할수록, 일어난 상황은 더 큰 힘을 갖고 우리를 지배한다. 그러므로 도
와 하나가 된 사람은 저항하는 마음을 아끼며, 일어난 상황에 대한 창
조적인 대응을 할 수 있게 된다.

아낌이란 도와 어긋나는 행동을 아끼는 것이다. 현대 사회에서 가
장 두드러진 도와 어긋나는 행동은 과도한 생산과 소비이다. 생산이란

인간다운 삶을 위한 물질적인 기초를 마련하는 것이고, 소비란 생산된 물건들을 사용하는 것이다. 이것은 인간다운 삶의 기초가 될 수 있지만, 결코 인간다운 삶의 척도가 될 수 없으며, 목적의 자리에 위치할 수 없는 것이다. 그럼에도 불구하고 이것은 버젓이 목적의 자리를 차지하고 있고, 추구될 수 없는 대상인 생산과 소비의 추구는 환경오염, 생태계 붕괴, 자원 고갈의 근원으로 작용해 아무도 살 수 없는 불모의 땅으로 지구를 만들어가고 있다. 그래서 도와 하나가 된 사람은 과도한 생산과 소비와 같은 도와 어긋나는 행동을 아낀다.

아낌이란 도와 어긋나는 생각을 아끼는 것이다. 도와 어긋나는 생각이란 무엇인가? 에고가 주체가 되어 일으키는 생각들이다. '어떤 것이 나에게 이익이 될까?' '저 사람을 골탕 먹이려면 어떻게 해야 할까?' '어떻게 해야 저 사람을 잘 이용할 수 있을까?' 이런 생각들은 고통을 낳는다. 도와 하나가 된 사람은 이런 생각을 아낀다.

아낌이란 도와 어긋나는 감정을 아끼는 것이다. 도와 어긋나는 감정이란 무엇인가? 에고가 주체가 되어 일으키는 감정들이다. '저 사람은 왜 나를 예뻐하지 않는 거야!' '개념 없는 저 사람이 정말 미워!' '난 당신이 소름끼치게 싫어!' 이런 감정들은 고통을 낳는다. 도와 하나가 된 사람은 이런 감정을 아낀다.

아낌이란 도와 어긋나는 욕망을 아끼는 것이다. 도와 어긋나는 욕망이란 무엇인가? 에고가 주체가 되어 일으키는 욕망들이다. '더 많은 쾌락을 누리고 싶어!' '더 많은 돈을 벌고 싶어!' '더 인기 있는 사람이 되고 싶어!' '더 예뻐지고 싶어!' 이런 욕망들은 고통을 낳는다. 도와 하나가 된 사람은 이런 욕망을 아낀다.

아낌은 빨리 돌아감[早復]을 위한 문이다. 빨리 돌아감이란 에고가 주인 노릇을 하는 소외된 상태를 벗어나서 '참나'인 덕이 주인 노릇을 하는 상태로 빨리 돌아가는 것을 의미한다. 빨리 돌아감이란 자기회복을 이루는 것이다. 자기회복을 이루고 나면, 이기지 못할 것이 없어지고, 우린 스스로 행복하고 이웃에게도 행복을 선물할 수 있는 멋진 삶을 누릴 수 있다.

현대는 한나절을 넘길 수 없는 광풍
-希言 自然

"회오리바람은 아침나절 내내 불지 않고 소나기는 종일 내리지
않는다[飄風 不終朝 驟雨 不終日]."   『노자』 23장

인위적인 것, 도와 어긋나는 것은 오래갈 수 없다는 노자의 말씀이
다. 현대 자체가 잠깐 스쳐 지나가는 회오리바람이며 소나기이다. 회오
리바람이 불어와 온 천지를 휩쓸 때, 우린 그것이 영원히 계속될 것 같
은 착각에 빠진다. 하지만 한나절을 넘길 수 있는 회오리바람은 없다.

1970년대 후반에 본인은 대학을 다녔고, 그때는 유신 말기, 정치적
암흑기였다. 독재정부나 독재자에 대한 어떤 비판도 허용되지 않았다.
그들은 우릴 질식시켰고, 우리들에게 독재정권은 영원히 지속될 것 같
은 절망감을 주었다. 그러나 대학 4학년 말, 한발의 총성으로 유신체제
는 종말을 고했다.

크게 보면 현대 사회 자체가 하나의 광풍이다. 하지만 현대 사회 속
에서 불었던 광풍도 많다. 중국 문화혁명, 독일 나치즘, 일본 군국주의,
소련 스탈린이즘, 미국 매카시즘 등은 이차대전을 전후해서 불었던 대
표적인 광풍들이다. 이들은 한결같이 '나는 옳고, 너는 틀렸다'라는 광
신에 사로잡혀서, 틀린 너를 투옥하고, 고문하며, 처형했다. 수천만 명

의 사람들이 이로 인해 목숨을 잃었다. 광풍이 휩쓸고 지나갔을 때, 사람들은 망연자실했다.

그러나 현대의 광풍은 여기서 끝난 것이 아니다. 오늘날에도 격심한 광풍이 휘몰아치고 있다. 경제성장의 광기, 성공과 승리에 대한 추구, 외모지상주의, 젊음에 대한 집착, 명품의 추구 따위가 그것들이다. 이 중에서도 경제성장의 광기는 가장 집요하고, 그 결과 또한 가장 파국적이다. 이런 광풍들 속에서 우린 자신의 본성을 망각한 채, 자신의 본성과 아무런 관련도 없는 소외된 삶을 살아가고 있다.

광풍은 도와 어긋나 있다. 도와 어긋난 것은 오래갈 수 없다. 현대의 광풍이 휩쓸고 지나간 그 자리에 탈현대 문명이 새롭게 그 모습을 드러낼 것이다. 먼 훗날 인류 문명사를 회고한다면, 현대는 잠깐 스쳐 지나가는 간이역에 지나지 않은 것이었으며, 탈현대에 이르기 위한 하나의 디딤돌에 불과한 것이었음을 알게 될 것이다. 탈현대는 종착역이다. 그러나 그것은 계속 발전하고, 결코 목적지에 도착할 수는 없는 종착역이다.

자아확장투쟁으로서의
현대적인 삶
-企者 不立

"까치발로는 오래 서지 못하고 큰 걸음으로는 멀리 가지 못한다
[企者 不立 跨者 不行]."　　　　　　　　　　　　　　『노자』 24장

현대인은 까치발로 서려 한다. 왜일까? 남들보다 높아지고 싶기 때문이다. 현대인은 큰 걸음으로 걸으려 한다. 왜일까? 남들보다 빨리 가고 싶기 때문이다. 그러나 까치발로는 오래 서 있지 못하고, 큰 걸음으로는 멀리 가지 못한다.

현대인은 자신을 드러내고자 한다. 그러나 드러내고자 하는 자는 드러나지 않는다. 현대인은 스스로 자기가 옳다 여긴다. 그러나 스스로 자기가 옳다 여기는 자는 인정받지 못한다. 현대인은 스스로 뽐낸다. 그러나 스스로 뽐내는 자는 공이 없다. 현대인은 스스로 자랑한다. 그러나 스스로 자랑하는 자는 우두머리가 되지 못한다.

자신을 높이고, 빨리 가고자 하며, 자신을 드러내고자 하고, 스스로 자기를 옳게 여기며, 스스로 뽐내고, 스스로 자랑하는 것은 모두 현대적인 삶의 특징이다. 이런 삶을 자아확장투쟁으로서의 삶이라고 한다.

현대인은 왜 자아확장투쟁으로서의 삶을 살아가는가? 그 근본원인은 '자신이 자신을 둘러싼 세계로부터 분리된 개체'라고 하는 현대 인

간관이다. 나를 '분리된 개체'로 인식했을 때, 나는 '유한함', '무의미함', '무력함'으로부터 벗어날 수 없다. 이것은 모두 고통스러운 감정이다. 그래서 '유한함'에서 벗어나 '영원한 존재'가 되는 것, '무의미함'에서 벗어나 '의미 있는 존재'가 되는 것, '무력함'에서 벗어나 '힘 있는 존재가 되는 것', 이것이 현대인의 삶의 주제이고, 이것을 자아확장투쟁으로서의 삶이라고 한다.

현대인은 더 높은 곳에 도달하고자 한다. 더 많은 돈을 벌고자 하고, 더 명문대학에 입학하고자 하며, 더 높은 지위를 얻고자 하고, 더 많은 인기를 누리고자 한다. 현대인은 남들보다 더 빨리 도달하고자 한다. 현대인은 남들보다 더 빠른 승진을 원하고, 더 빠른 합격을 원하며, 더 빠른 출세와 성공을 원한다. 현대인은 왜 이런 것일까? '무의미함'에서 벗어나기 위해서이다.

그러나 이 모든 노력은 성공할 수 없다. 왜냐하면 이 모든 노력은 강박적인 것이기 때문이다. 강박에서 기인하는 어떤 노력도 문제를 해결할 수 없다. 시시포스 신화의 주인공처럼, 문제를 해결했다고 생각하는 순간, 문제는 다시 자기 앞에 우뚝 서기 때문이다. 무의미함의 문제는 해결될 수 있는 것이 아니고, 해소될 수 있을 뿐이다. 원래 자신에게는 무의미함의 문제가 없었음을, 나 자신은 이미 의미로 충만해 있는 존재임을 자각할 때 무의미함의 문제는 저절로 사라진다. 그러나 현대인은 '자신이 분리된 개체'라고 생각하고 있기 때문에, 어떤 자아확장투쟁을 전개하더라도 결국 출발점으로 되돌아오며, 무의미함의 문제는 해결되지 않는다.

다른 모든 자아확장투쟁도 동일한 구조를 갖고 있다. 현대인은 자신을 드러내고자 하고, 스스로 자기가 옳다 여기며, 스스로를 뽐내고, 스스로를 자랑한다. 그러나 어떤 노력도 궁극적인 성공을 거두지 못한다.

현대인은 '자신이 분리된 개체'라는 전제 위에서 문제를 해결하고자 온갖 노력을 기울이지만, 문제는 궁극적으로 해결되지 않으며, 결국 불행과 고통에 직면하게 된다. 문제는 오직 '자신이 분리된 개체가 아니라는 자각'에 의해서만 해소될 수 있으며, 이것이 바로 '도道를 깨달음'이다.

3.

탈현대적인 앎의 의미

앎이란 무엇인가? 서구 중세 사회에서 앎의 핵심은 '신을 아는 것'이었다. 현대 사회에서 앎이란 '객체로서의 대상 세계에 대한 법칙적인 지식'을 의미한다. 탈현대 사회에서 앎이란 무엇인가? 사랑의 눈으로 나와 너를 바라보았을 때 생겨나는 이해이다. 현대적인 앎은 현대 문명 건설과 유지에 큰 기여를 했다. 그러나 현대적인 앎의 바탕 위에서 탈현대 문명을 건설할 수는 없다. 오직 탈현대적인 앎의 바탕 위에서만 탈현대 문명을 건설할 수 있다. 『노자』를 통해 탈현대적인 앎의 의미를 찾아본다.

탈현대 학문이란 무엇인가?

-常無欲以觀其妙

"언제나 무욕으로써 그 묘함을 본다[常無欲以觀其妙]." 『노자』 1장

두 가지 종류의 도가 있다. 하나는 문명 이전 자연의 상태이며, 다른 하나는 문명 이후 소외의 과정을 거친 뒤 도가 회복된 상태이다. 문명 발생 이전의 상태에는 도 아닌 것이 없다. 개인의 차원에서 말한다면, 갓 태어난 갓난아기, 아직 문명의 영향을 전혀 받지 않은 갓난아기의 경우가 그와 같다.

다른 하나의 도는 소외의 과정을 거친 뒤, 도가 회복된 상태이다. 문명 발생 이후 오늘에 이르기까지의 에고에 바탕을 둔 문명은 도가 가려진 상태, 소외의 상태이다. 향후 '참나'에 바탕 한 탈현대 문명은 도가 회복된 상태이다. 개인의 차원에서 말한다면, 아기에게 에고가 생겨나면서 도로부터의 소외가 발생하며, 이후 수행을 통해 도를 회복할 수 있다.

문명 이전 자연 상태로서의 도와, 에고의 문명 이후 도로부터의 소외가 회복된 상태로서의 도는 전혀 다른 것이다. 차이점은 다음과 같다. 후자는 도로부터 소외된 과정을 거쳐서만 이루어질 수 있다. 또한 전자는 즉자即者로서의 도인 반면에 후자는 자각되고 능동성을 갖고

있는 도이다.

노자가 역설하는 것은 '도가 소외된 현 상황에 대한 비판'과 '도의 회복에 대한 염원'이다. 이런 논의를 전개하는 데 있어 도움을 주는 것이 '자연 상태로서의 도'이다. 물을 포함한 모든 자연물은 도를 회복하고자 하는 사람[수행자]에게 스승이 될 수 있다. 자연을 스승으로 삼아, 노자는 위 두 가지 중대한 또한 현재적인 의미가 충만한 프로젝트를 수행한다.

그런데 여기서 노자는 딜레마에 빠진다. 그 딜레마를 표현한 것이 "도를 도라고 하면, 참된 도가 아니다[道可道非常道]"이고, "이름을 이름이라 하면, 참된 이름이 아니다[名可名非常名]"이다. 도[진리] 자체는 언어나 문자로 형상화될 수 없다. 노자의 영향을 받은 선가禪家에서는 이를 '불립문자不立文字'라고 표현했다. 그런데 언어와 문자를 떠나 우리는 진리를 표현할 수도 전달할 수도 없다. 이것은 진리를 체득한 모든 사람들이 처한 딜레마였다. '형상[언어와 문자]을 가지고 형상 없는 세계[도, 진리]'를 표현해야 하고, 할 수밖에 없는 상황, 이것이 그들 모두의 딜레마였고, 노자의 딜레마였다. 이런 딜레마 속에서 『노자』는 집필되었고, 예수도 석가모니도 동일한 딜레마 속에서 진리를 가르쳤다. 그래서 이들 모두는 비유와 상징을 많이 사용한 것이다.

달이 있고, 달을 가리키는 손가락이 있듯이, 진리[道]가 있고 진리[道]를 가리키는 손가락이 있다. 『노자』, 『성경』, 『불경』 등은 모두 무엇인가? 진리[道]를 가리키는 손가락이다. 진리[道]가 있고, 진리[道]에 대한 탐구가 있다. 진리[道]에 대한 탐구는 진리[道]가 아니다[道可道非常道]. 진리[道]에 대한 탐구란 무엇인가? 이것이 바로 탈현대 학문이다. 형상화될 수 없는 진리[道]를 형상화시키는 작업, 이것이 바로 탈현대 학문이다.

현대 학문이란 무엇인가? 노자는 "언제나 유욕으로는 그 가장자리를 본다[常有欲以觀其徼]"라고 했다. 이때 유욕[有欲]이란 '욕망의 주체로서의 나', 즉 에고를 가리킨다. 에고는 어떻게 보는가? '분리된 개체로서의 연구자인 내'가 주체가 되어 '분리된 개체로서의 연구 객체인 너'를 본다. 이런 봄[觀]을 행하는 학문, 그것이 현대 학문이다. 현대 학문이 얻을 수 있는 앎은 무엇인가? 그 가장자리[其徼]이다. 즉, 연구 대상에 대한 피상적인 대상지이다. 현대 학문을 통해 얻은 앎[知]은 탈현대적인 의미에서 보면 모름[無知]이다.

  탈현대 학문이란 무엇인가? 노자는 "언제나 무욕으로는 그 오묘함을 본다[常無欲以觀其妙]"라고 했다. 이때 무욕[無欲]이란 '참나로서의 나'를 가리킨다. '참나'는 어떻게 보는가? 나는 보고자 하는 대상과 하나가 되어, 보고자 하는 대상의 안으로부터 연구 대상을 본다. 이런 봄[觀]을 행하는 학문, 그것이 탈현대 학문이다. 탈현대 학문이 얻을 수 있는 앎은 무엇인가? 그 오묘함[其妙]이다. 즉, 연구 대상에 대한 깊은 이해이다. 탈현대적인 탐구를 통해 우리는 연구 대상의 상처, 기쁨, 슬픔을 알 수 있고, 그 깊은 아름다움에 다가갈 수 있다.

나날이 덜어내는 학문
- 爲道日損

> "학문을 하면 날로 늘어나고 도를 닦으면 날마다 덜어진다[爲學日益 爲道日損]. 덜고 또 덜면 무위에 이르게 된다[損之又損 以至於無爲]."
>
> 『노자』 48장

이 구절을 읽으면, 현대 학문과 탈현대 학문의 차이점을 잘 알 수 있다.

현대 학문은 에고에 봉사하는 학문이다. 이는 '하면 할수록 날로 늘어나는 학문[爲學日益]'이다. 현대학문은 과학으로 대변된다. 과학의 시조라 일컬어지는 프랜시스 베이컨Francis Bacon; 1561~1626은 "아는 것이 힘이다"라는 유명한 말을 남겼는데, 이 말 속에는 과학의 본질이 무엇인가에 대한 생각이 함축되어 있다.

'아는 것'이란 무엇인가? 연구의 주체와 연구의 객체를 분리한 가운데, 연구 주체의 연구 객체에 대한 관찰, 비교, 실험 등의 방법을 통해서 세계에 대한 지식을 축적하는 것이다. '힘'이란 무엇인가? 연구 주체의 연구 객체[자연, 이웃 국가 등]에 대한 지배, 이용, 착취를 강화시킬 수 있는 힘이다. 이 힘을 느끼고 행사하는 주체는 누구인가? 물론 에고이다. 그리고 이런 힘을 얻는 것이 앎의 목표인 것이다. 그러므로 현대

학문 활동을 통해 지식을 축적하면 할수록, 관계는 악화되고 이 세상에는 많은 고통이 생겨나게 된다. 인류는 지금 과학으로서의 학문 활동의 한계와 문제점을 보고 있다.

반면에 탈현대 사회의 학문은 '참나'에 봉사하는 학문이다. 이는 '하면 할수록 줄어드는 학문[爲道日損]'이다. 무엇이 줄어드는 것인가? 내 마음속에서 에고의 주인 됨이 줄어든다. 아상我相이 줄어든다. 학문이 깊어질수록, '내가 누구다', '내가 이런 일을 했다' 등과 같은 생각들이 점점 줄어든다. 욕망과 집착이 줄어든다. 더 높은 곳에 이르고자 하는 욕망, 이미 이룬 것을 놓치지 않으려는 집착이 점점 줄어든다. 미래에 대한 불안이 줄어들고, 두려운 마음이 줄어들며, 근심이 줄어든다. 기필하고자 하는 마음이 줄어든다.

이런 탈현대 학문을 우리는 도학道學이라고 한다. 도학은 나의 본래 면목을 알고자 하는 학문이다. 나의 참모습을 바로 알게 되면 시공간적으로 온 세계를 다 알게 된다. 왜냐하면 나와 세계는 하나이기 때문이다. 도학으로서의 탈현대 학문을 통해, 우린 대자유를 누릴 수 있게 되며, 삶과 죽음이 없는 소요유逍遙遊로서의 삶을 살아갈 수 있게 된다.

도학의 첫걸음은 '소외된 나[에고]'를 자각하는 것이다. 에고에 대한 자각을 통해 우리는 그때까지 그것을 '나'라고 믿어왔던 생각이 '망상'이었음을 깨닫게 된다. 짙은 구름이 걷혀진 그 자리에 언제나 태양이 빛을 뿜듯이, '에고로서의 나'에 대한 망상이 걷혀진 그 자리에 '참나'가 빛을 발휘하게 된다.

'참나'가 깨어나 활동을 시작하면, 우린 새 사람이 된다. 우리는 비로소 사랑하고, 깊이 이해하며, 용서할 수 있는 존재가 된다. 우리는 겸손하고 유머를 즐길 수 있는 존재로 거듭난다. 우리는 평화로운 존재가 되며, 자연과 사회와 조화로운 공존을 이룰 수 있게 된다. 그래서 탈현대 학문인 도학이 주도적인 학문의 패러다임으로 뿌리를 내리게 되면, 이 세상은 평화롭고 아름다운 곳으로 바뀌게 된다.

진리란 무엇인가?
-道紀

"보아도 보이지 않는 것을 일컬어 이夷라 하고, 들어도 들리지 않
는 것을 일컬어 희希라 하며, 잡아도 잡히지 않는 것을 일컬어
미微라 하나니, 이 세 가지는 어떻게 자세히 캐물어 밝힐 수 없
다[視之不見 名曰夷 聽之不聞 名曰希 搏之不得 名曰微 此三者 不
可致詰]."

『노자』 14장

이 구절은 '도가도비상도道可道非常道'의 다른 버전이라 하겠다.

진리란 무엇인가? 노자의 관점에서 보면, 이 질문은 이렇게 대치될
수 있다. 도란 무엇인가? 14장에서 노자는 우리들에게 도가 무엇인가
를 가르쳐주고 싶어 했다. 그런데 노자는 딜레마에 빠졌다. 도는 모든
존재 안에 있고, 모든 존재는 도 아닌 것이 없어서, 도라는 것은 무엇
이라고 딱 꼬집어 밝힐 수 없는 것이라는 방식을 통해서만 도를 밝힐
수 있었다.

그래서 보이는 모든 것이 도이지만 도를 보려 하면 도는 결코 보이
지 않는다. 도를 보려 하는 것은, 들으려 하는 것은, 잡으려 하는 것은
누구인가? 그것은 이원성의 영역에 있는 생각이다. 그런데 도는 이원성
의 영역에 속하는 것이 아니어서 결코 생각의 그물에 걸려들지 않는다.

이것이 노자의 시대에나 오늘에나 에고의 차원에서 도를 잡으려 하는 사람이 빠져나올 수 없는 미궁이다.

자연을 바라보면, 도는 없는 곳이 없다. 그러나 춘추전국시대나 현대와 같은 전란의 시대를 보면, 이들 사회는 도를 벗어나 있다. '도로부터의 소외'가 발생한 것이다. 노자는 이를 인위人爲라고 했다. 인위란 '지금 아닌 다른 것에 대한 추구'이다. 도의 경우도 마찬가지이다. 지금 이 순간은 도로 충만해 있는데, 인위를 행하는 인간은 '지금 여기'가 아닌 '미래의 다른 곳'에서 도를 찾으려고 한다. 이원성은 이미 도를 벗어난 것이기 때문에, 인위라고 하는 이원성의 구조 속에서는 도[진리]를 인식할 수 없다.

도에 대한 인식은 역설적으로 에고의 도에 대한 추구를 멈출 때 이루어질 수 있다. 인위적인 노력을 중지하는 순간[無爲], 모든 곳에 넘쳐나는 도가 내 마음속에 흘러들어올 수 있는 것이다.

'에고의 도에 대한 추구'는 '에고의 인기·외모·권력·돈·학력 등에 대한 추구'와 원리적으로 동일한 것이다. 이 추구들은 모두 '지금 여기'가 아닌 '보다 나은 미래'를 추구하며, 추구의 목적은 '에고로서의 나'를 더 크고 높게 만들고자 하는 것이다. 그런데 도는 '지금 여기'에만 존재하며, 추구하는 에고[人爲]가 사라졌을 때만 충만할 수 있다. 현대인은 '에고가 나'라고 생각하며, 그러므로 도에 도달할 수 없다.

탈현대인에게는 에고가 떨어져 나갔다. 에고가 떨어져 나간 사람에게는 도 아닌 것이 없다. 예수의 말처럼, 그에게는 진리[도]가 너무나도 쉽고 분명한 것이 된다.

탈현대 사회와 앎
-不知知病

"알지 못한다는 것을 아는 것이 최상이고, 알지 못하면서 안다
고 생각하는 것이 병이다[知不知上 不知知病]."　　　『노자』 71장

에고는 '참나'를 알 수 없다. 그런데 현대인은 알지 못하면서 안다고
생각한다. 이것이 현대인의 근본적인 오해이다.

현대적인 앎이란 무엇인가? '주체로서의 나'에 의한 '객체로서의 너'
에 대한 앎, 즉 대상지이다. 이때, '주체로서의 나'는 누구일까? 그것은
'자신을 둘러싸고 있는 세계와 근원적으로 분리된 개체로서의 나', 즉
에고이다. '객체로서의 너'는 무엇일까? 그것은 '세계와 근원적으로 분
리된 객체로서의 너'이다.

예를 들어, A인 내가 B인 너에 대한 탐구를 한다고 하자. B가 인간
인 경우, 결과로서의 앎은 B의 성격, 취향, 신념, 태도, 수입, 연령, 종교,
직업 등에 대한 앎이다. B가 사회인 경우, 결과로서의 앎은 B의 제도,
조직, 문화, 상호관계 등에 대한 앎이다. B가 자연인 경우, 결과로서의
앎은 B의 물리적인 특징, 화학적인 성분, 속성 등에 대한 앎이다.

그런데 탈현대적인 관점에서 볼 때, 인간, 사회, 자연의 궁극적인 본
질은 '참나[道]'이다. 에고는 결코 '참나'를 알 수 없다. 그러므로 현대

적인 앎은 무지[不知]이다. 이런 앎을 아무리 많이 축적해도 진정한 앎에 도달할 수 없다. 뿐만 아니라 현대적인 앎[小知]은 진정한 앎[大知]을 가로막는 장애물이다. 그럼에도 불구하고 현대인과 현대 사회는 현대적인 앎을 얻고서는[不知] 알았다고 생각한다[知]. 이런 생각에 사로잡히면, 진정한 앎은 불가능해진다. 그래서 노자는 이를 병이라고 칭했던 것이다.

더군다나 에고는 욕망의 주체이기에 에고에 기반을 둔 모든 현대적인 앎의 배후에는 자신의 욕망 충족을 위해 연구 대상을 이용·착취·지배하고자 하는 동기가 작용한다. 예를 들어, 일본총독부가 한국에 대한 토지조사사업을 한다고 할 때, 토지조사의 목적은 무엇일까? 중국학이나 일본학 등 현대 지역학의 본질도 이와 같다. 필자의 유학 시절 사회심리학 전공 교수가 미국 축산협회의 지원을 받아 한국을 방문한 적이 있다. 그의 연구과제는 '쇠고기 소비와 관련한 한국인의 사회심리적인 특성'이었다. 인간과 자연에 대한 연구도 대동소이하다.

과연 욕망의 주체로서의 나에 의한 객체로서의 너에 대한 대상지를 통해 무엇을 알 수 있을까? 물론 대상지는 필요하며 유용하다. 다만 이때 얻은 앎을 궁극지와 혼동해서는 안 된다는 것이다. 인간, 사회, 자연의 궁극적인 본질을 아는 데 있어서 대상지는 무력하다. 그럼에도 불구하고, 대상지의 획득을 궁극지의 습득으로 혼동하는 경향이 높기에 노자는 "알지 못하는 것을 안다고 생각하는 것이 병이다"라고 말했던 것이다.

탈현대 사회에서도 대상지는 존재한다. 그러나 그것은 앎의 낮은 차원임을 인지한다. 탈현대적인 의미에서 앎이란 무엇일까? 그것은 『대학』에서 말하는 '명명덕明明德'이다. 모든 존재에 내재해 있는 명덕[道, 참나]을 밝히는 것, 이것이 탈현대적인 의미에서의 앎이다. 이것은 결코 소지小知의 축적 위에 이루어지는 것이 아니다. 소지는 앎이 아니라는 자각[知不知] 위에서, 즉 내가 안다고 생각한 것이 앎이 아니었음에 대한 자각의 바탕 위에서만 진리에 대한 인식은 가능한 것이다. 그렇다면 이런 탈현대적인 앎을 탐구하는 주체는 누구인가? 그것은 연구자의 '참나'이다. 연구자의 '참나'가 깨어나 활동하게 되어 앎을 탐구할 때 탈현대적인 앎이 획득될 수 있다. 이것은 연구자가 연구 대상과 하나가 되어 연구 대상의 안으로부터 파악되는 연구 대상에 대한 깊은 이해이다. 이때 생성된 앎은 사랑과 연결되며, 연구자에게도 연구 대상에게도 평화와 행복을 초래한다.

진리를 왜곡하는 현대 사회
-吾言 甚易知 甚易行]

"내 말은 지극히 알기 쉽고 지극히 행하기 쉽다[吾言 甚易知 甚易行]."

『노자』 70장

여기서 '내 말'은 진리를 가리킨다. 진리는 알기 쉽고 분명한 것이다. 탈현대 사회는 이런 진리의 말씀이 행해지는 사회이다.

진리의 말씀은 매우 알기 쉽고 행하기 쉽다. 석가모니나 예수의 말씀이나 삶을 보라. 얼마나 쉽고 분명한가! 그래서 석가모니, 공자, 예수, 노자 등 진리를 설파한 분들은 한결같이 말씀하셨다. "내 가르침은 참으로 쉬운 것이라고…."

그러나 '현대인은 진리의 말씀을 이해하지도 못하고 행하지도 못한다[天下莫能知 莫能行]'. 왜 그런 것일까? 에고가 주체가 된 나의 눈으로는 진리를 도저히 이해할 수 없기 때문이다. 현대인은 '원수를 왜 사랑해야 하는지' 알 수 없다. 그래서 원수를 증오한다. 증오하는 마음은 고통스럽고, 그의 증오를 받는 원수도 고통스럽다. 그와 원수는 끝없이 고통을 주고받으면서, 고통스러운 세계를 만들어간다. 윤회 속을 살아가는 것이다.

탈현대인은 '자신에게 해를 끼친 원수'를 사랑한다. '참나'가 주체가 되어 삶을 살아가는 탈현대인은 원수를 깊이 들여다보며, 원수가 '어쩔 수 없이' 자신에게 해를 끼쳤음을 안다. 나의 에고가 그의 에고에 아주 마음에 들지 않았거나 나에 대한 증오심을 억제할 수 없었거나… 어떤 이유이건 간에 그는 자신도 '어쩔 수 없이' 자신에게 해를 끼치는 행동을 했음을 이해한다. 그래서 그는 원수를 용서한다. 그는 더 깊이 원수를 들여다본다. 그리고 마침내 깨닫는다. 원수인 그 사람 자신도 심한 고통 속에 살아가고 있으며, 나보다 더 심한 고통 속에 있음을… 그래서 그에게는 원수에 대한 측은한 마음이 든다. '그는 참으로 가엾은 사람'이라는 원수에 대한 올바른 이해에 도달한다. 에고가 주체가 되어 살아가는 모든 현대인[중생]이 가엾은 것이다. 원수인 그가 아주 가엾은 사람임을 알았기에, 탈현대인은 그를 미워하지 않고 가엾게 여긴다. 그를 마음 깊은 곳으로부터 따뜻하게 품어주고 위로해준다. 그의 용서와 사랑을 받은 원수의 마음에도 따뜻한 변화가 일어난다. 나와 그의 마음속에서 증오심이 사라지고 사랑이 그 자리를 대신하면서, 우리는 함께 고통의 세계를 벗어나 사랑의 세계로 들어간다. 이것이 '원수를 사랑하라'는 진리의 말씀에 대한 이해이고 행동이며 이해와 행동의 결과이다.

에고[현대인]는 왜 사랑해야 하는지, 왜 용서해야 하는지, 왜 겸손해야 하는지 알 수 없다. 그래서 현대인은 사랑 대신에 증오를, 용서 대신에 처벌을, 겸손 대신에 오만을 선택하며, 그 결과 스스로 고통스럽고 또한 이 세상을 더욱 고통스러운 곳으로 만들어가는 삶을 살아간다. 반면에 '참나[탈현대인]'는 왜 사랑해야 하는지, 왜 용서해야 하는지, 왜 겸손해야 하는지를 쉽게 이해할 수 있고, 그렇게 행동한다[吾言 甚易知 甚易行]. 그래서 스스로도 행복하고 또한 이 세상을 더욱 아름다운 곳으로 만들어가는 삶을 살아간다.

과대망상에 빠진 현대
- 常有司殺者殺

"항상 죽이는 일을 관장하는 자가 죽이는 것이다[常有司殺者殺]."

『노자』 74장

'죽이는 일'이란 큰일이다. 이 구절이 뜻하는 바는 큰일은 큰일을 감당할 수 있는 능력자만이 할 수 있다는 것이다. 능력자는 누구일까? 탈현대인이다.

소위 능력이 있다고 간주되는 현대인이 할 수 있는 일은 무엇일까? 남의 것을 빼앗는 일, 경쟁에서 이겨 원하는 것을 차지하는 일, 상대편을 이용하는 일과 같은 것이다. 미국과 같은 능력 있는 국가, 부자나 권력자와 같은 능력 있는 개인은 그렇게 한다. 그런데 하늘의 눈으로 이런 일을 본다면 이것은 아주 작은 일이며, 이것을 이루었다는 것은 아무것도 이룬 것이 아니다. 내가 세계 최고의 부호가 되었다는 것은 무엇일까? 내가 노벨상 수상자가 되었다는 것은 무엇일까? 내가 빌보드 차트 1위에 올랐다는 것은 무엇일까? 이 모든 일들이 작은 일이며, 아무것도 아닌 일이다. 그래서 예수는 이 세상에서 가장 높은 사람도 하늘나라에서는 가장 말석에 머문다고 했다.

'죽이는 일[殺]'이란 큰일을 상징한다. 그렇다면 큰일은 구체적으로 어떤 일을 가리키는가? 큰일은 사랑스럽지 않은 것을 사랑하는 일을 가리킨다. 큰일은 용서할 수 없는 것을 용서하는 일을 가리킨다. 큰일은 믿을 수 없는 것을 굳게 믿는 일을 가리킨다. 다시 말하자면, 큰일이란 '참나'의 활동을 가리킨다.

현대인은 큰일을 할 수 없다. 왜 그럴까? 현대인이란 '이 세계와 분리된 개체로서의 나[에고]'가 나라고 생각하는 사람이며, 에고는 당연히 '참나'의 활동을 할 수 없기 때문이다. 오직 '참나'가 자신의 주체가 된 탈현대인만이 큰일을 할 수 있다[常有司殺者殺].

만일 큰일을 할 수 없는 현대인이 큰일을 하고자 한다면 어떻게 될 것인가? 다치게 될 것이다[夫代大匠斲者 希有不傷其手矣]. 현대인이 과대망상에 빠져 할 수 없는 일을 하려 하지 않고, 자신이 할 수 없다는 사실을 자각할 때, 또한 자신이 이루어낸 그 모든 일이 아무것도 이룬 것이 아님을 자각할 때, 이 자각이 그를 탈현대로 이끌어갈 수 있는 문이 될 수 있다.

탈현대 학문은 큰일이다. 그러므로 오직 탈현대인만이 탈현대 학문을 할 수 있다.

4.

탈현대 사회 건설 방안

어떻게 탈현대 사회를 건설할 것인가? 현 인류가 감당해야 할 최대의 숙제이다. 현대 사회는 사회혁명이나 산업혁명과 같이 외부세계의 개조를 통해 건설되었다. 그러나 탈현대 사회 건설은 이것과 판이하다. 탈현대 사회로 들어가는 문은 존재혁명이다. 수행을 통해, '에고의 허물을 벗고 '참나'에 이르는 것', 이것이 바로 탈현대 사회 건설 방안이다. 탈현대 사회 건설을 위한 노자의 지혜를 들어본다.

탈현대 사회로 나아가는 좁은 문
-以天下觀天下

"도를 닦아 몸에 베풀면 그 덕은 곧 참되고, 도를 닦아 집안에 베풀면 그 덕은 곧 넉넉하고, 도를 닦아 마을에 베풀면 그 덕은 곧 오래가고, 도를 닦아 나라에 베푼다면 그 덕은 곧 풍요롭고, 도를 닦아 천하에 베푼다면 그 덕은 곧 널리 퍼진다[修之於身 其德乃眞 修之於家 其德乃餘 修之於鄕 其德乃長 修之於國 其德乃豊 修之於天下 其德乃普]. 그러므로 몸으로 몸을 보고, 집으로 집을 보며, 마을로 마을을 보고, 나라로 나라를 보며, 천하로 천하를 본다[故 以身觀身 以家觀家 以鄕觀鄕 以國觀國 以天下觀天下]."

『노자』 54장

『대학』에서는 "천자로부터 서인에 이르기까지 모두 수신을 근본으로 삼는다[自天子以至於庶人 壹是皆以脩身爲本]"라고 했는데, 이것이 위 노자의 글과 통한다.

탈현대 사회를 수립하고 유지하는 근본은 수도修道이다. 수도에 대한 54장에서의 언급은 '선건善建'과 '선포善抱', 두 가지이다. '잘 세운다[善建]'는 것은 무엇을 의미하는가? 올바른 바탕 위에 삶이 뿌리를 내리는 것이다. 올바른 바탕이란 '무도無道나 비도非道'가 아니라 '도'의 바탕을 말한다. '잘 지닌다[善抱]'는 것은 무엇을 의미하는가? 늘 도를 품고 모든 마음 씀과 행동이 도를 벗어나지 않음을 말한다.

이렇게 수도로서의 삶을 살아가는 것이야말로 작게는 몸과 가정을 바로 세우는 길이며, 크게는 마을과 세계를 바로 세우는 일이다. 즉, 수도의 결과 나의 일신, 나의 가족, 나의 마을, 전체 세계가 그 혜택을 입게 된다.

다시 말하자면, 수도는 현대 문명의 망상에서 깨어나 탈현대 문명으로 나아가는 유일한 문이 된다. 각자가 수도에 힘을 기울일 때, 개인적으로는 평화와 행복을 얻을 수 있게 되고, 그의 평화와 행복이 이웃에 좋은 영향을 미치게 되며, 나와 나의 이웃의 창조적인 변화를 통해 세계는 변화하게 된다.

이렇게 수도로서의 삶을 살아갈 때, 사심私心이 줄어든다. 사심이 줄어들면, 나와 대상 간의 분리가 사라지고, 우리는 관찰하는 대상과 하나가 되어 대상의 희망, 근심, 고통 등을 이해할 수 있게 된다. 이것이 '몸으로 몸을 보고[以身觀身]', '집으로 집을 보며[以家觀家]', '마을로 마을을 보고[以鄉觀鄉]', '나라로 나라를 보며[以國觀國]', '천하로 천하를 본다[以天下觀天下]'는 말의 의미이다.

현대인이 무엇인가에 관심을 기울일 때는, '어떻게 하는 것이 나에게 이익이 될까?' 하는 생각에 휘둘리는 경우가 많다. 이렇게 되었을 때, 나의 존재는 대상에게 해를 끼치게 된다. 나의 이익의 관점에서만 나라를 보고, 나라의 관점에서 나라를 보지 않게 될 때, 어떤 일이 일어날 것인가? 특히 내가 나라에 큰 영향을 미칠 수 있는 높은 지위에 있는 사람일 경우, 나의 존재는 나라에 해악을 끼치게 된다. 현대인은 어떤 상황에서나 사익을 앞세우기 때문에, 우리의 가족, 마을, 나라, 자연은 현대인의 존재로 인해 손실을 입게 된다.

탈현대 사회는 이와 다르다. 탈현대인은 '천하로 천하를 본다.' 사사로움이 아니라 공公의 관점에서 모든 사태를 바라보고 대처한다. 그리하여 인류와 자연이 함께 조화로운 번영을 누리는 시대를 구가한다.

환란을 귀하게 여기는 사회
- 貴大患若身

"총애와 욕됨을 놀라는 것처럼 하고, 큰 환란을 제 몸처럼 귀하게 여겨라[寵辱若驚 貴大患若身]." 『노자』 13장

이 무슨 이상한 말인가? 총애를 받는데 놀란 듯이 하고 큰 환란을 제 몸처럼 귀하게 여기라니…. 노자는 왜 이런 이상한 주장을 한 것일까?

에고[거짓 나]의 차원에서 보면, 이 의문은 영원히 해소되지 않는다. 그러나 '참나'의 차원에서 보면, 이 말의 의미는 분명하다. 자신의 참된 본성을 깨닫는 데 가장 큰 장애물은 무엇일까? 그것은 바로 총애, 칭찬, 인기 같은 것이다. 이런 것들은 에고의 보호막을 두텁게 하여, 결국 존재 변화를 어렵게 만든다.

현대인은 에고의 차원을 살아간다. 에고로서의 나는 바다에 잠시 생겨났다가 꺼져버리는 한 방울의 물거품처럼 무의미한 존재이다. 무의미감은 고통스럽다. 그래서 현대인은 '의미 있는 존재'가 되기 위한 필사적인 노력을 기울인다. 이런 노력의 중요한 통로 중 하나가 칭찬과 인기에 대한 추구이다.

그래서 현대인에게 인기는 생명과도 같이 소중한 것이 되어버렸다.

실제로 악플에 시달리고 인기를 잃어서 자살을 한 연예인들도 많다. 보통 사람들도 칭찬이나 인기에 대한 집착이 심하며, 작은 비난도 그에게 큰 상처를 준다. 현대인은 총애를 받으면 깜짝 놀라기는커녕 총애를 받기 위해 목을 맨다.

무의미감에서 벗어나기 위한 현대인의 이런 필사적인 노력은 결국 실패로 끝을 맺는다. 바다 위에 생긴 하나의 물거품이 꺼지는 순간, 개체로서의 우리의 생명의 불꽃이 꺼지는 순간, 우리는 무無로 회귀하며, 영원히 무의미한 존재로 돌아간다. 이것은 '망상으로서의 나[에고]'를 '진짜 나'로 착각하는 데서 비롯되는 현대인의 비극적인 삶이며 무의미한 고통이다. 이것이 현대적인 삶이 근원적으로 소외될 수밖에 없는 이유이다.

탈현대인은 '참나'가 깨어나 활동하게 된 사람이다. '참나로서의 나'는 바다에 잠시 생겨났다가 꺼져버리는 한 방울의 물거품이 아니라 바다 그 자체이다. 나는 의미로 충만한 존재이다. 나는 칭찬이나 인기로 나를 장식해야만 가치가 있어질 만큼 보잘것없는 존재가 아니다. 당연히 '참나'로서의 나는 칭찬이나 인기에 집착하지 않는다.

오히려 누군가가 나를 칭찬하면 탈현대인은 깜짝 놀란다[寵若驚]. 왜 탈현대인은 자신에 대한 칭찬에 깜짝 놀랄까? 그것은 칭찬이 자신의 에고를 되살려내는 불씨가 되기 십상이기 때문이다. 실제로 깨달음을 얻었다는 사람들 중에도 많은 사람들이 이런 함정에 빠져 자신을 망친다.

'깨달음을 얻었다'는 것은 '참나로서의 나'를 체험했다는 것이다. 이런 체험을 하게 되면, 자연스럽게 지혜의 말을 하게 되고, 모든 것을 깊이 들여다볼 수 있게 되며, 일상 속에서 경이로움을 느낄 수 있게 된다. 아직 깨달음을 얻지 못한 사람들은 이들을 칭찬하고 숭배한다. 이들의 칭찬과 숭배는 깨달은 사람에게 '나는 깨달은 사람이다'라는 '깨달음의 에고'를 만들어내게 된다. 이것은 예전의 어떤 에고보다도 벗어나기 어려운 강한 에고를 형성하게 되고, 존재 변화의 차원에서 볼 때 그는 절망적인 상태에 빠진다. 그러니 도를 구하는 사람은 자신에게 바쳐지는 찬사에 얼마나 깜짝 놀라야만 하겠는가!

탈현대인은 칭찬보다는 오히려 자신에 대한 비난이나 환란을 반기고 소중히 여긴다[貴大患若身]. 현대인이 그토록 회피하려 하는 비난이나 환란을 탈현대인은 어떻게 반기고 소중히 여기는 것일까? 그 이유는 자신에 대한 비난이나 에고에게 일어난 불행한 사태야말로 에고를 부숴버리는 원동력이 될 수 있기 때문이다.

신묘한 탈현대 사회로 가는 출발점
-天下神器

> "천하는 신묘한 그릇이라 인위를 통해서 어찌할 수 없다[天下神器 不可爲也]."
>
> 『노자』 29장

탈현대 사회 역시 신묘한 그릇[神器]이다. 그러므로 인위적인 노력을 통해 탈현대 사회에 도달할 수는 없는 것이다.

현대 사회는 인위적인 노력의 바탕 위에 건설되었다. 현대는 이성의 빛에 비추어 불합리하고 반이성적인 사회제도나 관행을 개조함[爲]으로써 보다 나은 사회에 도달하고자 했다. 프랑스대혁명이나 볼셰비키혁명을 위시해서, 현대기에 이루어진 수많은 사회혁명이나 개혁의 시도가 모두 이런 입장에 바탕을 두고 있다. 사회개조를 위한 이런 현대적인 노력은 전현대 사회의 수많은 비합리적이고 반이성적인 측면들, 예를 들면 남녀차별, 신분제도, 왕정 등과 같은 적폐를 혁파해서 합리적이고 이성적인 사회를 건설하는 데 기여했다.

그러나 현대 사회 건설을 위해 꼭 필요했던 이런 노력들은 탈현대 사회를 건설하는 데 있어서는 무의미한 것이다. 왜냐하면 인위적인 노력을 통해 무위無爲의 사회인 탈현대 사회에 도달할 수는 없기 때문이다. 현대 사회는 에고에 바탕을 둔 인위의 사회이다. 탈현대 사회는 '참나'

에 바탕을 둔 무위의 사회[天下神器]이다.

인위의 사회[현대 사회]란 어떤 사회일까? 그것은 작용-반작용action-reaction의 사회이다. 예컨대, 미국이 석유자원에 대한 지배권을 확보하기 위해 중동을 무시하고 중동인들이 굴욕감을 느낄 정책을 시행하면[action 1], 중동은 무장테러단체를 조직해 미국의 쌍둥이빌딩에 대한 자살 비행기테러를 가하고[reaction 1＝action 2], 미국은 다시 무장테러단체와 그 배후세력에 대한 대규모 보복공격을 행한다[reaction 2＝action 3]. 작용과 반작용은 결코 멎지 않으며, 세상은 더욱 지옥과 같은 곳으로 변모한다. 작용과 반작용의 밑바닥에 있는 것은 무엇인가? 그것은 에고의 욕망과 복수심이다.

무위의 사회[탈현대 사회]는 어떤 사회일까? 그것은 작용과 반작용이 멈추어진 사회이다. 무위의 사회에서는 힘 있는 집단이 힘없는 집단에게 복종과 굴욕을 강요하지 않는다. 힘 있는 집단은 힘없는 집단을 존중하고, 존경하며, 기꺼이 힘없는 집단의 아래에 위치한다. 다시 말하자면, 무위의 사회는 작용과 반작용이 중지된 사회이다. 그러나 만일 현대적인 심성을 갖고 있는 어떤 개인이나 집단이 작용을 한다면, 탈현대인인 상대편은 어떻게 대응할까? 그들은 대응하지 않는다. 그들은 작용에 대한 어떤 반작용도 하지 않는다. 그들은 작용을 가한 그들이 어리석음[痴] 속에 있으며, 그래서 고통 속에 있고 새로운 고통을 만들어내고 있음을 본다. 그래서 그들은 작용을 가한 그들에게 반작용을 하지 않을 뿐만 아니라 그들을 용서한다. 무위의 사회의 밑바닥에 있는 것은 무엇인가? 그것은 '참나'의 깊은 이해, 용서, 사랑이다.

벽돌을 갈아서 거울을 만들 수 있겠는가? 인위의 사회를 다듬어서 무위의 사회에 이를 수 있겠는가? 현대 사회를 더 완비해서 탈현대 사회에 도달할 수 있겠는가? 모두 불가능한 일이다. 그래서 노자는 말한다. "이루고자 하는 자[爲者]는 이룰 수 없고[敗之], 잡고자 하는 자[執者]는 잡을 수 없다[失之]." 탈현대 사회는 인위의 완성을 통해 오는 것이 아니라, 인위적인 추구를 중지하는 데서부터 시작하는 것이다. 그래서 노자는 이것을 '심한 것, 사치한 것, 큰 것을 버림[去甚 去奢 去泰]'을 말했다. '심한 것, 사치한 것, 큰 것'은 무엇이겠는가? 그것은 바로 인위의 사회에서 추구하는 것들이다. '이것들을 버림'이란 무엇이겠는가? 그것은 바로 인위적인 추구를 멈춤을 의미한다. '인위적인 추구의 멈춤', 이것이 바로 무위의 사회인 탈현대 사회에 도달하기 위한 출발점이 된다는 것을 노자는 힘주어 말하고 있는 것이다.

인위의 추구를 끊어라
－少私寡欲

"성을 끊고 지를 버려라[絶聖棄智]. … 인을 끊고 의를 버려라[絶仁棄義]. … 교를 끊고 이를 버려라[絶巧棄利]."　　　　『노자』 19장

여기서 성聖과 지智, 인仁과 의義, 교巧와 이利는 무엇을 가리키는가? 이것들은 모두 '인위적인 추구의 대상들'이다. 노자는 이런 인위적인 추구를 끊고[絶] 버릴[棄] 것을 말한다. 인위적인 추구가 멈추어졌을 때[無爲], 우리의 삶은 도와 합치하게 되며, 삶이 도와 합치하게 될 때, 이상사회에 도달할 수 있다는 것이 노자의 거듭된 주장이다.

노자는 사회사상가였다. '수백 년간 이어져 온 춘추전국시대의 혼란을 어떻게 종식시킬 것인가?', 이것이 노자의 관심이었다. 제자백가의 사상들이 문제인식을 공유했지만, 이 문제에 대한 노자의 대답은 다른 학파와는 확연히 구분되는 것이었다. 대답의 요점은 '인위人爲를 멈춤'이다. 끊음[絶]과 버림[棄]은 그 대표적인 방법이다. 노자의 사회 비판은 부강을 추구하는 춘추전국시대의 근본적인 문제를 직시한 것이다.

노자의 사회 비판은 현 시대에도 그대로 적용될 수 있다. 노자의 관점에서 보자면, 현대 사회는 어떤 사회일까? 인위를 추구하는 사회이다. 인위 중에서도 성聖과 지智나, 인仁과 의義보다 낮은 범주인 교巧와

이利를 추구하는 사회이다. 현대 사회는 도와 어긋난 사회이며, 철저하게 소외된 사회이다.

현대적인 삶 역시 지극히 소외되어 있다. 현대인은 이利를 추구한다. 이利에 대한 추구는 자신의 본성에 대한 무관심을 초래한다. 결과적으로, 현대인은 자신과 전혀 무관한 것을 추구하는 데 삶을 낭비하게 된다.

이런 인위적인 추구가 멈추어졌을 때, 그때까지 감추어져 있었던 본성이 빛을 발하게 된다. 노자는 이를 "소박함이 드러나고 박함을 포용한다[見素抱樸]"라고 묘사했다. 이때 비로소 우리는 도와 합치된 삶을 살아갈 수 있다. 노자는 도와 합치된 삶의 모습을 이렇게 그렸다. "사사로움이 적고 욕심이 줄어든다[少私寡欲]."

탈현대 사회는 어떤 사회일까? 소사과욕少私寡欲의 사회이다. 사사로운 이익[私]이나 욕망[欲]의 추구가 멈추어진 사회이다. 이것은 두 가지 차원에서 진행된다.

첫째, 탈현대 사회는 무한히 풍요로운 사회여서 더 이상 이익이나 욕망을 추구할 필요가 없다. 물이나 공기는 우리가 생존하는 데 꼭 필요한 것이지만, 우리가 물이나 공기를 추구하지 않는 것은 물이나 공기가 희소자원이 아니라 무한자원이기 때문이다. 탈현대 사회는 희소자원이 사라진 사회이다. 제레미 리프킨이 『한계비용제로사회』에서 언명했듯이, 모든 재화의 생산비는 영Zero에 근접해간다. 우리는 필요에 따라 소비하는 새로운 시대로 이행해가고 있는 것이다.

둘째, 본질적으로 볼 때 인간은 이익이나 욕망의 추구에 삶을 허비해도 좋을 만큼 하찮은 존재가 아니기 때문이다. 현대 인간관의 핵심은 '인간이 욕망을 추구하는 존재'라는 것이다. 그러나 탈현대적인 관점에서 볼 때, 이것은 인간을 너무 비하한 것이다. 탈현대가 바라본 인간은 욕망을 훨씬 넘어 있는 존재이다. 따라서 인간의 추구 대상 역시 시대에 따라 변화하며, 탈현대인과 탈현대 사회는 더 이상 욕망을 추구의 대상으로 삼지 않는다.

탈현대인은 자신의 본성에 충실한 삶을 살아간다. 탈현대적인 삶의 양태는 어떤 것일까? 사랑스럽지 않은 것을 사랑하는 것, 용서할 수 없는 것을 용서하는 것, 믿을 수 없는 것을 믿는 것, 감사할 수 없는 것에 감사하는 것, 웃을 수 없는 것에 웃음 짓는 것, 오만과 비굴의 굴레를 벗어나 겸손한 것, 이런 것들이 바로 탈현대적인 삶의 양태이고, 도와 합치하는 삶의 모습이다.

질박함을 회복하라
−復歸於樸

"그 영화로움을 알면서 그 욕됨을 지키면 천하의 골짜기가 되니 천하의 골짜기가 되면 한결같은 덕이 충족되어 다듬지 않은 통나무로 돌아감과 같다[知其榮 守其辱 爲天下谷 爲天下谷 常德乃足 復歸於樸]."

『노자』 28장

이 구절에는 탈현대 문명 건설을 위한 노자의 전략이 담겨 있다. 탈현대 문명을 일구어내는 데 있어서, 노자의 키워드는 '그 욕됨을 지킴[守其辱]'이다. '그 욕됨을 지키다니!', 이상하지 아니한가? 현대는 영광을 추구하며, 욕됨을 극력 벗어나려 한다. '경쟁과 갈등을 통한 승리와 성공', 이것이 현대적인 삶과 문명 건설의 방식이다. 탈현대 문명 건설의 전략은 이와 정반대이다. '그 욕됨을 지킴'이 그것이다.

'그 욕됨'이란 무엇일까? 관계 속에서 '분리된 개체로서의 나[에고]'가 손상을 입는 모든 경험을 지칭한다. 모욕을 느끼는 것, 누군가에게 무시당하는 경험, 미움 받는 경험, 왕따를 당한 경험, 경쟁에서의 패배 등이 모두 여기에 해당한다. 누구나 싫어하는 이런 욕된 경험을 노자는 왜 지키라고 말하는 것일까?

현대 문명 건설의 원칙이 '높은 곳으로 올라감'이라고 한다면, 탈현대 문명 건설의 원칙은 '낮은 곳으로 내려감'이라 할 수 있다. 모든 '욕된 경험'은 낮은 곳으로 내려가는 에너지원이 된다. '욕된 경험'은 에고에 상처를 준다. 나는 더 이상 오만한 에고의 집에 편안히 머물 수 없다. 에고가 깨어진 그 자리가 바로 '참나[우주적인 존재로서의 나]'의 빛이 바깥으로 비쳐 나올 수 있는 자리가 된다.

'욕된 경험'은 우리가 진정한 겸손에 이르는 묘약이다. 그래서 '욕됨을 지킴'을 통해 우린 '천하의 골짜기[天下谷]'가 될 수 있다. 모든 것은 골짜기로 모여든다. 그래서 천하의 골짜기가 된다는 것은 '덕이 충만해짐[常德乃足]'을 의미한다. 그리하여 우린 박樸을 회복[復歸於樸]할 수 있다.

탈현대 문명이란 문명에 의해 훼손되기 이전의 박樸을 회복한 문명이다[復歸於樸]. 문명 이전의 상태는 질박하지 않은 것이 없었다. 그러나 문명이 시작되면서 질박함이 깨어졌다. 그렇다면 문명의 출현은 자연 상태로부터의 후퇴인가? 질박함[道]이란 경직된 틀에만 비춰 본다면, 질문에 대한 대답은 '그렇다'이다.

그러나 이것은 실체적인 현실과 크게 괴리된 교조주의적인 문명에 대한 평가이다. 노자는 교조주의자가 아니다. 노자의 문명 비판은 문명 이전으로의 회귀를 주창하는 것이 결코 아니다. 정반합의 변증법적 운동 원리로 설명한다면, 노자는 '정으로의 회귀'가 아니라 '합으로의 전진'을 주창하고 있는 것이다. 노자는 현실적으로 불가능한 그래도 추구한다면 파국적인 결과를 빚을 것이 자명한 문명의 퇴행을 주장한 반동주의자가 아니라 문명 진보의 의미를 밝힌 진정한 진보주의자인 것이다.

노자의 관점에서 보자면 현대는 극복의 대상이 아니다. 다만 현대가 인류 문명 발전의 종착역이 아니라 거쳐 지나가는 간이역임을 분명히 자각해야 한다. 즉, 현대 문명은 궁극적인 목적지가 아니며, 탈현대 문명 건설이라는 궁극적인 목표를 달성하기 위한 중요한 기반, 즉 수단임을 명심해야 한다.

그러므로 노자의 관점에서의 현대 문명비판은 현대 문명에 대한 전면적인 부정이 아니라, 수단으로서의 현대 문명을 목적으로 착각하는 것에 대한 경계이다. 수단과 목적의 착각에 바탕 한 수단적인 현대에 대한 끝없는 추구, 이것이 문제이며, 이것이 현대 문명 위기의 본질인 것이다.

그래서 노자는 되풀이해서 말한다. '그 수컷을 알고 그 암컷을 지킴[知其雄 守其雌]', '그 밝은 것을 알고 그 어둔 것을 지킴[知其白 守其黑]', '그 영화를 알고 그 욕됨을 지킴[知其榮 守其辱]'…. 문명론의 관점에서 보면, 그 수컷[其雄], 그 밝음[其白], 그 영화[其榮]는 모두 현대를 상징하는 것이다. 안다[知]는 것은 그 의미를 인정하지만 또한 궁극적인 목적으로 착각해서는 안 됨을 경계하는 말이다. 바로 이런 앎[知]의 바탕 위에서 탈현대에 대한 추구가 이루어져야 한다. 그 암컷[其雌], 그 어둔 것[其黑], 그 욕됨[其辱]이란 모두 탈현대를 상징하는 것이다. 지킴[守]이란 적극적인 추구를 가리킨다. '그 암컷', '그 어둔 것', '그 욕됨'에 대한 적극적인 추구를 통해, 현대 문명으로부터 탈현대 문명으로의 문명 대전환이 이루어질 수 있는 것이다.

건설되는 현대 문명과
발견되는 탈현대 문명
-曲則全

> "굽은 것이 곧 온전한 것이고, 구부러진 것이 곧 곧은 것이며, 움
> 푹 파인 것이 곧 채워진 것이고, 낡은 것이 곧 새로운 것이다[曲
> 則全 枉則直 窪則盈 幣則新]."　　　　　　　　　　　　『노자』 22장

노자는 왜 이렇게 억지스러운 말씀을 하셨을까? 굽은 것이 어찌 온
전한 것이며, 구부러진 것이 어찌 곧은 것이란 말인가!

하지만 억지스러워 보이는 이런 언명 속에는 역설을 통해서만 표현
될 수 있는 진리가 담겨 있다. 신체적으로 보자면 언청이, 절름발이, 애
꾸, 버버리, 육손이, 외팔이 등 수많은 굽어 있는 사람들이 있다. 그러
나 정녕 이들이 굽어 있는 사람들일까? 진리의 눈으로 보면, 이들은
다른 누구보다 온전한 사람들이다. 사지가 없이 태어난 『오체 불만족』
의 저자 오토다케 히로타다를 처음 본 엄마의 입에서 나온 탄성은 "아
이야, 너는 너무 예쁘구나~"였다. 히로타다 엄마가 아기 히로타다를 바
라보았던 눈이 바로 진리의 눈이다.

현대 문명은 건설하는 것이었다. 그러나 탈현대 문명은 발견하는 것
이다. 노자는 이를 '곡즉전曲則全'이라고 표현했다. 현대는 '굽은 것[曲]'
을 '온전하게[全]' 하는 데 전력을 기울여왔다. 현대적인 의미에서 볼

때, 굽은 것이란 무엇인가? 빈곤한 사회, 부자유한 사회, 불평등한 사회, 무지한 사회, 비합리적인 사회, 이런 것들이 현대 사회가 굽은 것으로 간주하는 대표적인 것들이다. 현대는 이를 온전하게 만들기 위해 전력을 기울여왔다.

현대적인 노력은 큰 성공을 거두었고, 이것은 문명의 진보를 의미하는 것이었다. 하지만 현대적인 노력이 안고 있는 근본적인 문제가 있는데, 그것은 수단과 목적의 혼동이다. 현대적인 추구와 달성의 본질은 인간다운 삶이 가능한 기초를 다지는 것[수단]임에도 불구하고, 현대는 이 자체를 목적으로 간주하는 오류를 범했다.

이런 논리적인 오류는 '끝없는 풍요의 추구'와 같이, 경제적인 영역에서 잘 드러난다. 그 결과, 현대적인 의미에서의 유토피아의 추구가 디스토피아를 초래하는 역설적인 상황이 초래되고 있다. '곡즉전曲則全'이란 이런 의미에서 보면, 통렬한 현대 문명 비판이다.

가족생활을 예로 들어보자. 만일 가족이 경제적으로 풍요하고, 관계에 있어 평등하다면, 행복한 가족생활이 보장될까? 현대 가족생활은 실제가 결코 그렇지 않다는 것을 웅변적으로 말하고 있다. 행복한 가족생활을 위한 비결은 무엇일까? 그것은 '곡즉전曲則全'에 대한 이해이다.

실직한 아버지를 힘겨운 노력을 기울였지만 어쩔 수 없이 실직으로 상처 입은 그래서 위로가 필요한 사람으로 인식할 수 있는 눈이 열리게 될 때, 아버지는 굽은 그대로 더없이 온전한 분으로 인식된다. 이때 아버지와 나 사이엔 믿음과 존경, 사랑이 자라나게 된다. 굽어 있는 나무는 굽고 싶어서 굽은 것이 아니다. 바람이 끊임없이 불어서, 바위가 앞을 가로막고 있어서 굽은 것이며, 굽음은 주어진 상황에서 나무가 최선의 노력을 다한 결과이다. 그러므로 굽음 자체가 온전한 것이다.

이런 이해가 생겨나게 될 때, 우린 굽어 있는 자신의 배우자, 부모, 자녀를 바라보는 새로운 시각이 생겨나며, 가족은 행복의 공동체로 발전하는 것이다.

5.

탈현대적인 삶

탈현대적인 삶이란 어떤 것일까? 노자는 이렇게 답한다. '참나'를 자각하고 '참나'가 활성화된 사람[도인道人]이 도와 하나가 되어 살아가는 삶이 바로 탈현대적인 삶이다. 탈현대인의 삶은 한가롭다. 탈현대인의 삶은 죽음을 편안하게 받아들일 수 있는 삶이다. 탈현대인의 삶은 온갖 콤플렉스로부터 자유로워진 삶이다. 탈현대인의 삶은 이루고자 하는 마음이 사라진 삶이다. 탈현대인의 삶은 길러주되 주재하려 하지 않는 삶이다. 탈현대인의 삶은 '지금 여기'에 깊이 머무는 삶이다.

탈현대인은 왜 바쁠까?
-善爲士者 不武

"훌륭한 사관은 무용을 앞세우지 아니하고, 잘 싸우는 사람은
성을 내지 아니하며, 잘 이기는 사람은 적과 맞붙지 아니하고,
사람을 잘 부리는 사람은 그 사람 밑으로 내려간다[善爲士者 不
武 善戰者 不怒 善勝敵者 不與 善用人者 爲之下]."   『노자』 68장

『노자』 68장에서는 '다툼이 없는 사회[不武]'를 말하는데, 이것은 탈
현대 사회의 모습이다. 왜냐하면 탈현대인에게는 다투어 얻고자 하는
바가 없기 때문이다. 탈현대 사회는 성냄이 없는[不怒] 사회이다. 왜냐
하면 화나는 일이 없기 때문이다. 탈현대 사회는 적과 맞붙지 않는[不
與] 사회이다. 왜냐하면 싸워 이겨야 할 적이 없기 때문이다. 탈현대 사
회는 아래로 내려가는[爲之下] 사회이다. 왜냐하면 모든 것이 그리로
모여들기 때문이다.

현대인은 작은 것을 얻기 위해서도 다툰다. 현대인은 작은 일에도
화를 낸다. 현대인은 모두를 적으로 간주하기에 끊임없이 싸운다. 현대
인은 높은 곳으로 올라가려 한다. 그래서 현대인은 늘 바쁘다.

그러나 다투지도 않고, 성내지도 않으며, 적과 맞붙지도 않고, 위
로 올라감을 추구하지 않는다면, 탈현대인은 과연 무엇을 하며 살아

갈까?

탈현대인은 숨 쉬는 것을 즐긴다. 숨이 들어오고 나가는 것을 섬세하게 자각한다. 신선한 외기가 내 안으로 들어와 내가 되고, 내 안에 있던 공기가 내 몸 밖으로 나가 하늘이 됨을 자각한다. 신선한 외기가 내 안으로 들어와 내 생명에 활기를 불어넣어줌을 안다. 한 숨 한 숨의 신비와 경이를 느끼며, 탈현대인은 천천히, 깊게, 그리고 행복하게 숨을 들이쉬고 내심을 즐긴다.

탈현대인은 온 마음을 다해 걷는 것을 즐긴다. 내가 아름다운 행성 지구 위를 봄·여름·가을·겨울 계절의 변화를 느끼며 이리저리 걸어 다닐 수 있다는 것이 신비롭다. 난 한 걸음 한 걸음에 온 마음을 다하며, 걷는 것의 신비와 경이의 자각 속에서 걷는다. 걸으면서 행복하고, 난 지금 이 순간 속에 깊이 머문다.

탈현대인은 심심함 속에 머물기를 즐긴다. 오늘은 심심함이란 오랜 벗이 찾아왔다. 난 그를 반갑게 맞아들이고, 둘이서 회포를 풀며 즐거운 시간을 갖는다. 벗이 내 집에 머무는 데 불편한 점은 없는지 세심히 배려한다. 난 마음속으로 말한다. '벗이 멀리서 찾아오니 이 또한 즐겁지 아니한가[有朋自遠方來 不亦樂乎]!'

탈현대인은 설거지를 즐긴다. 온 마음을 다해 천천히 행복하게 그릇을 씻는다. 더러워진 그릇이 물로 하나하나씩 깨끗하게 씻어짐을 본다. 수도꼭지에서 끊임없이 물이 샘솟듯 나오는 것도 신기하고, 내가 이렇게 설거지를 잘할 수 있음도 경이롭다.

탈현대인은 양치를 즐기고, 아침에 눈을 뜨면 아내와의 깊은 포옹을 즐기며, 햇볕을 쬐며 앉아 해바라기를 즐기고, 벗과의 한담을 즐기며, 갓 끓여낸 다향을 즐기고, 하루 세 끼 식사를 즐기며, 아름다운 음악을 즐기고, 침대에 누워 이리 뒹굴 저리 뒹굴 하는 것을 즐기며, 이른 봄에 돋은 새싹을 즐긴다.

이러자니 탈현대인은 눈코 뜰 새가 없이 바쁘다.

죽음이 없는 삶
-無死地

"섭생을 잘하는 사람은 육지를 가되 외뿔소나 호랑이를 만나지 않고, 싸움터에 들어가되 갑옷과 무기를 지니지 아니하니, 외뿔소가 그 뿔로 받을 곳이 없고, 호랑이가 그 발톱으로 낚아챌 곳이 없으며, 병사가 그 칼날을 댈 곳이 없기 때문이다[善攝生者 陸行 不遇兕虎 入軍 不被甲兵 兕無所投其角 虎無所措其爪 兵無所 容其刃]."
『노자』 50장

이는 어떤 위험에 처하더라도 바람처럼 그것을 지나쳐 가는 탈현대인의 존재와 삶에 대한 훌륭한 묘사이다.

탈현대인에게는 죽음이 없다[無死地]. 이에 반해서 현대인의 삶은 죽음의 연속이다. 시험에 낙방해도, 사업에 부도가 나도, 인기가 추락해도, 자존심의 상처를 입어도, 회사에서 퇴직을 해도, 누군가의 비난을 받아도, 따돌림을 당해도, 외모의 훼손이 있어도, 그때마다 현대인은 죽는다. 외뿔소의 뿔이나 호랑이의 발톱이 아니더라도, 염소의 뿔이나 고양이의 발톱에 살짝 긁혀도 현대인은 죽는다. 그래서 현대인은 매일 죽음을 겪는다.

현대인이 밟는 땅은 지뢰밭이며, 현대인은 상처와 고통 속에 삶을 살아간다. 현대인은 생각한다. '모든 사람들이 나를 사랑하고, 하는 일마다 성공을 거두며, 내가 달리는 도로에서 모든 차들이 내가 원하는 방식대로 달려주기만 하다면, 나는 행복할 수 있을 텐데.' 물론 그런 세상은 존재하지 않으며, 그는 상처투성이가 되어 고통을 받고 고통을 주는 삶을 살아간다.

현대인 중에서도 열등감이 심한 사람은 더 많은 상처와 고통을 받는다. 그는 피부가 없는 생명체와 같다. 아주 미세한 것이 자신의 몸에 와 닿아도, 그는 소스라치게 놀라며 고통스러워한다. 현대인은 정도의 차이는 있지만 열등감이 심하다. 외모에 열등감이 있는 사람은 자신의 외모에 대한 사소한 비난도 견디기 힘들어 하며, 학력에 열등감이 있는 사람은 학력이 화제에 오르기만 해도 안절부절못한다. 돈에 열등감이 있는 사람은 돈 이야기만 나와도 움찔한다.

탈현대인은 죽지 않는다[無死地]. 어떤 실패나 좌절도, 어떤 비난이나 불명예도 그를 해치지 못한다. 외뿔소의 뿔이나 호랑이의 발톱, 날카로운 병장기로도 그를 죽일 수 없으며, 작은 상처조차 줄 수 없다[無所投其角 虎無所措其爪 兵無所容其刃].

어떻게 탈현대인은 모진 시련 속에서도 작은 상처조차 받지 않을 수 있을까? 그 이유는 간단하다. 탈현대인에게는 에고가 떨어져 나갔기 때문이다. 누가 상처를 받는가? 에고만이 상처받을 수 있다. 그러므로 에고가 더 강하게 '나의 주인'이 되어 있는 사람일수록, 더 상처를 많이 받는다. 탈현대인에게는 에고가 떨어져 나갔고, 그래서 이 세상 그 무엇도 그에게 상처를 줄 수 없으며, 그를 죽일 수 없다.

그래서 탈현대인은 아름답게 추락한다. 사회적인 실패나 추문에 휩싸였을 때, 치명적인 병이 걸리거나 늙음이 다가와 그가 갖고 있는 모든 것을 빼앗아갈 때, 그리고 마침내 죽음이 다가왔을 때, 그는 그가 그때까지 갖고 있었던 것, 그때까지 누렸던 것들에 대해 감사의 인사를 보내며 아름답게 떠나간다. 그는 현대인처럼 늙어감에 따라 한 가지씩 잃어버리고 마침내 죽지만, 그에게는 죽음이 없다.

이루고자 하는 마음이 사라진 삶
- 無以生爲

"생으로써 이루고자 하지 않는 것이 삶을 귀하게 여기는 것보다
낫다[夫唯無以生爲者 是賢於貴生]." 『노자』 75장

여기서 '이루고자 함[爲]'이란 무엇일까? 그것은 에고가 주체가 되어
더 많은 것을 소유하고 더 높은 곳에 오르고자 온 힘을 기울이는 것이
다. 탈현대적인 삶은 '이루고자 함[爲]'이 멈추어진 삶이다.

현대적인 삶이란 무엇인가? 내 삶의 파도를 더 크고, 더 높게 만들
고자 진력하는 삶이다. 다시 말하자면 '생으로써 이루고자 하는[有以
生爲]' 삶이다. 이런 현대적인 삶의 근원은 무엇일까? 바로 에고가 자
신이 성취한 대상과 자신을 동일시하는 것이다.

현대인의 동일시 대상은 다양하다. 직업적인 성취에 대한 동일시가
크다. '나는 교수야', '나는 사장이야', '나는 부장이야' 등이 그런 예이
다. 교수라는 자기 직업과의 동일시가 큰 사람의 경우, 정년퇴직을 하
고 나면 '나는 더 이상 아무것도 아닌 사람'으로 전락하며, 급속히 늙
고 병들고 죽어가는 경우가 많다.

학업 성취에 대한 동일시도 크다. '나는 무슨 대학을 나온 사람이
야.' 그래서 그들은 졸업 후 오랜 시간이 지나고 나서도 동창끼리의 회

합에 열심이다. 때론 배타적인 이익집단이 되어 서로를 끌어주고 보호해주기도 한다. 이것은 한 번 성취하고 나면 죽을 때까지 바뀌지 않기 때문에 현대적인 신분제 기능을 할 때도 있다.

소유와 소비 영역에서의 성취도 동일시의 주요 대상의 하나이다. 내가 타고 다니는 차, 사는 주택, 들고 다니는 가방, 입고 다니는 옷 등이 여기에 해당한다. 자신이 소유하고 있는 이런 것들의 등급에 따라 우월감을 갖기도 하고 열등감을 갖기도 한다.

이런 모든 성취에 따른 동일시 영역에서, 특히 자신에게 중요한 동일시 영역에서, 자신을 지금보다 더 크고 높게 만들기 위한 '분투로서의 삶[有以生爲]'이 영위된다. 그러나 이런 현대적인 삶은 많은 고통과 불행을 초래한다. 분투 과정에서의 패배와 좌절, 상승 이후 필연적인 하강 과정, 그리고 마침내 늙음과 죽음으로 0에 수렴하면서, 모든 분투는 비극적인 결말을 맞이할 수밖에 없다.

탈현대적인 삶에서는 모든 성취에 따른 동일시가 멈추어진다. 나는 교수도 아니고 시간강사도 아니며, 나는 부자도 아니고 가난한 사람도 아니다. 나는 일류대학 출신도 삼류대학 출신도 아니며, 나는 1등도 아니고 꼴찌도 아니다. 왜냐하면 나는 이 모든 것을 훨씬 넘어서 있는 존재이기 때문이다.

이것이 바로 '생을 귀하게 여기지 않는[不貴生]' 탈현대적인 삶의 모습이다. 여기서 생이란 현대적인 성취를 가리킨다. 탈현대인은 유위有爲의 삶을 벗어나 무위無爲의 삶을 영위하는 것이다. 무위의 삶은 참된 자기의 자연을 즐기는 삶이다. 지금 여기에 깊이 머물면서, 평화로움, 경이로움, 사랑을 즐기는 삶이 바로 그것이다.

스스로 물러남의 도
-功成身退

"공로가 이루어지고 명예가 얻어짐에 스스로 물러나는 것이 하늘의 도이다[功成名遂 身退 天之道]." 『노자』 9장

최순실 국정문란 사건을 보면서, 장관이나 청와대 수석 같은 한자리를 차지하고는 그 자리를 지키려고 불의한 심부름꾼이 된 사람들을 많이 본다. 그들 중 상당수는 대학교수들이었다. 교수직에 있는 한 사람으로서, '그들이 왜 그랬을까?' 하는 의아한 느낌이 든다. 노자를 읽다 보면, 그들은 '현대의 덫'에 빠져 있는 무수히 많은 현대인 중 하나임을 알게 된다.

현대인은 나아갈 줄만 알며, 멈춤과 물러남을 모른다. 탈현대인은 적정선에서 멈추며, 물러날 줄 안다. 예전에 〈난 멈추지 않는다〉라는 제목의 유행가가 있었는데, 이는 현대인과 현대 사회의 모습을 잘 묘사한 것이다.

현대인은 왜 멈출 줄 모를까? 왜 물러날 수 없을까? 그것은 '공로를 이루고 명예를 얻음[功成名遂]'이 그의 삶의 목적이기 때문이다. 존재론적인 무의미감에 시달리는 현대인은 공로나 명예를 얻음을 통해 자기 자신이 가치 있는 존재, 더 이상 무의미하지 않은 존재라는 사실을

입증하고자 한다. 이 때문에 현대인은 공로나 명예의 추구를 결코 멈출 수 없다. '난 멈추지 않는다'는 현대를 살아가는 사람들의 좌우명이 되어버렸다.

더 높은 곳에 오르고자 하는 현대인은 온갖 술수로 욕심을 채우려고 한다[持而盈之]. 현대인은 강박적으로 욕망을 추구한다. 자신의 속이 텅 비어 있다고 느끼는 현대인은 무엇으로든 빈속을 채우려 한다. 욕망 추구가 성공을 거두면, 그는 자신의 성취에 도취하고 교만해진다[富貴而驕]. 그리고 자신의 성취물과 자신을 동일시한다. 자기 소외가 발생하는 것이다. 현대인은 성취물을 잃어버리고 나서도 이에 대한 집착을 버리지 못하니 불행하다. 현대인은 하늘의 도를 역행하는 삶을 살아가는 것이다.

탈현대인은 적정선에서 멈출 수 있고, 때가 이르면 물러날 수 있다. 어떻게 탈현대인은 멈출 수 있는 것일까? 물러날 수 있는 것일까? 탈현대인에게 공로나 명예는 실제적이고 도구적인 의미만을 가질 뿐, 결코 목적적인 가치를 갖지 않기 때문이다. 어떻게 그럴 수 있는가? 탈현대인은 자기 존재가 공로나 명예 따위와 같은 하찮은 것들을 훨씬 넘어서 있음을 자각하고 있기 때문이다.

그래서 탈현대인은 공로나 명예로부터의 자유를 누린다. 탈현대인에게는 이런 것들에 탐닉하는 현대인들이 이상해 보인다. 탈현대인은 현대인에게 묻는다. '왜 그런 하찮은 것들을 추구하고 집착하면서 소중한 인생을 낭비하는가?'

탈현대인은 '온갖 술수로 욕심을 채우는 것은 이를 그치는 것만 못함[持而盈之 不如其已]'을 안다. 그래서 욕심을 추구하지도 않고, 이에 집착하지도 않는다. 탈현대인은 '부귀한 데다 교만을 부리면 스스로 허물을 남기는 꼴임[富貴而驕 自遺其咎]'을 안다. 그래서 공로를 이루고 명예를 이루고 나면 스스로 물러난다[功成名遂 身退]. 탈현대인은 하늘의 도와 하나가 되어 살아가는 것이다.

길러주되 주재하지 않는 삶
─長而不宰

"낳고 키웠으나 자기의 소유로 삼지 않고, 이룬 바가 있지만 뽐
내지 않고, 길러 주었으나 주재하려 하지 않는다[生之畜之 生而
不有 爲而不恃 長而不宰]." 『노자』 10장

노자가 말하는 사랑의 의미이다. 또한 이것은 사랑의 삶인 탈현대적
인 삶과 사랑의 사회인 탈현대 사회에 대한 묘사이기도 하다. 많은 현
대의 부모들이 꼭 마음에 새겨야 할 구절이기도 하다.

사랑이란 무엇인가? '참나'의 태양에서 비쳐 나오는 빛이다. 탈현대
인은 '참나'가 주체가 되어 살아간다. 그래서 태양이 온 사방으로 빛을
뿜듯이, 그는 그에게 와 닿는 모든 것을 사랑한다. 어떻게 사랑하는가?

탈현대인은 낳아주고 키워주지만 소유하려 하지 않는다[生之畜之 生
而不有]. 탈현대인은 자신이 낳아주고 키워준 사람에게 '자유'를 선물
한다. 이것은 사랑하는 사람에게 주기 가장 어려운 선물이며, 동시에
가장 멋진 선물이다. 어떻게 탈현대인은 자유를 선물할 수 있는 것일
까? 그는 천지를 본받기 때문이다. 하늘은 낳아주고 땅은 길러주지만,
천지는 자신이 낳아주고 길러준 것을 소유하려 하지 않는다. 천지는
소유욕이 없고, 탈현대인도 소유욕이 없다.

현대인은 소유를 추구하고, 소유에 집착한다. 또한 소유물과 자신을 동일시한다. 요즘은 초등학교 아이들도 '쟤는 몇 평짜리 아파트에 사는 아이'라고 하는 식으로 거주하는 아파트의 평수와 그 아파트에 사는 친구를 동일시한다고 한다. 왜 이런 일이 벌어지는 것일까? 현대인은 자기 자신을 무가치하다고 생각하기 때문이다. 현대 인간관의 관점에서 볼 때, 인간은 바다 표면에 잠시 생겨났다 꺼지는 하나의 물방울과 같은 존재이다. 이런 존재론적인 무가치함에 대한 인식이 '가치 있는 존재'가 되기 위한 추구를 낳는다. 이런 추구의 하나가 소유에 대한 추구와 집착으로 나타난다. 나는 소유한 만큼의 가치를 가진 자이기 때문에 소유의 정도와 나는 동일시된다. 극단적인 인간 소외가 발생하는 것이다.

탈현대인은 이와 다르다. 탈현대 인간관의 관점에서 보면, 인간은 자신 안에 우주를 품고 있는 존재이다. 우주를 품고 있는 내가 더 이상 무엇을 소유코자 하겠는가! 하물며 무엇을 조금 소유했다 한들 어찌 그것을 자신과 동일시하겠는가! 그래서 탈현대인에게는 소유욕이 없고, 소유에 대한 집착이 없으며, 소유와의 동일시가 없다[生而不有].

탈현대인은 이루되 뽐내지 않는다[爲而不恃]. 현대인은 작은 성취에도 기뻐 날뛰며, 즉각 뽐내는 마음의 노예가 된다. 내가 올림픽에서 금메달을 땄다고 하자. 나는 나 자신을 너무 대단하다고 느낀다. 현대인은 자신을 파도라고 생각하고, 높이 솟구친 정도를 자신과 동일시한다. 이 때문에 높이 솟구쳤을 때나 아래로 곤두박질쳤을 때나, 현대인은 이로부터 자유로울 수 없다.

이에 반해서, 탈현대인은 아무리 큰 성취를 이루었더라도 그것을 대수롭게 여기지 않으며, 상실의 순간에도 마찬가지이다. 그것은 그냥 자기의 하늘에 잠시 생겼다 사라지는 구름과 같은 것이다. 그에게 에고가 남아 있어서 큰 성취 뒤에 뽐내는 마음[恃]이 일어난다면, 그는 이를 향해 미소 지을 뿐 '뽐내는 마음[恃]'의 노예가 되지 않는다.

탈현대인은 길러주되 주재하려 하지 않는다[長而不宰]. 현대인은 상대편에게 조금만 도움을 베풀어도, 마음속은 '내가 도움을 베풀었다'는 생각으로 가득 차며, 도움을 준 상대편을 지배하려 한다. 현대인은 권력욕의 화신이기 때문이다. 그래서 그는 스스로도 배신감과 같은 고통을 겪으며, 상대편에게도 고통을 준다. 권력욕은 뿌리가 깊은 것이어서, 죽음에 이를 때까지 많은 현대인은 권력욕으로부터 벗어나지 못한다.

탈현대인에게는 권력욕이 없다. 어떻게 그럴 수 있을까? 권력욕은 무력감의 발로이다. 무력감이 심한 사람일수록 권력은 더 큰 가치를 가진다. 탈현대인의 내면은 '힘의 느낌'으로 충만해 있다. 그래서 주재하려는 마음이 없는 것이다. 그래서 그는 누군가에게 도움을 베풀었더라도 그것으로 끝이며, 자신이 도움을 베푼 사람을 자유롭게 한다. 결과적으로 양자의 관계는 지속되며 발전한다.

과녁이 사라진 삶

- 不道早已

"덕을 두터이 지니고 있는 사람은 어린아이와 같아서 독 있는 벌레도 물지 않고, 사나운 짐승도 덤비지 않으며, 사나운 새도 채가지 않는다[含德之厚 比於赤子 毒蟲不螫 猛獸不據 攫鳥不搏]."

『노자』 55장

　탈현대인은 도와 하나가 된 사람이며, 두터운 덕을 지니고 있는 사람[含德之厚]이다. 탈현대인에게는 그를 쏘아 맞출 수 있는 과녁이 없다. 그래서 독충도 맹수나 맹금도 그를 해칠 수 없다.

　탈현대인은 에고가 떨어져 나가버렸기에 도와 합치하는 삶을 살아가는 어린아이[赤子]와 같다. 그래서 독 있는 벌레도 물지 않고, 사나운 짐승도 덤비지 않으며, 사나운 새도 채가지 않는다[毒蟲不螫 猛獸不據 攫鳥不搏]. 더 정확히 서술하자면, 탈현대인에게는 독 있는 벌레가 물고자 하여도 물 곳이 없고, 사나운 짐승이 덤비고자 하여도 덤빌 곳이 없으며, 사나운 새가 채가고자 해도 챌 곳이 없다.

　이에 반해서, 에고가 주체가 된 삶을 살아가는 현대인은 몸 전체가 과녁이다. 아무렇게나 화살을 쏘아도 화살은 그를 명중시킨다. 현대인의 몸 전체가 과녁인 반면에, 탈현대인에게는 과녁이 없다. 그에게 쏟아지는 어떤 비난도, 분노도, 증오도 그를 상처 낼 수 없다. 그를 해칠 수 있는 독충이나 맹수는 존재하지 않는다.

누군가가 자신을 비난하면, 탈현대인은 상대편으로부터 비난받는 자신의 에고를 살펴본다. 그리곤 이렇게 생각한다. '아! 나(의 에고)는 비난받을 만하구나!' 그래서 그는 스펀지가 물을 흡수하듯이 자신에 대한 비난을 흡수한다.

누군가가 자신을 향해 화를 내면, 탈현대인은 '아! 저 사람은 지금 고통 속에 있구나!' 하고 생각하면서, 연못이 자신에게 던져진 돌멩이를 받아들이듯이 그 사람의 화를 받아준다. 탈현대인은 결코 상대편의 화에 기름을 붓지 않으며, 그의 화가 가라앉기를 기다려 그를 위로해 준다.

누군가가 자신을 미워하면, 탈현대인은 상대편이 미워하는 자신[에고]의 거만함, 경솔함, 불성실함, 무책임함, 이기심 등을 발견한다. 그리곤 이렇게 생각한다. '아! 나는 저 사람이 미워할 만해!' 탈현대인은 상대편이 자신에게 보내는 미움을 꿀꺽 삼킨다. 상대편의 미움을 받으면서 탈현대인은 자신[에고]의 결점을 고치지만, 미움이 그의 마음에 깊은 흔적을 남기지는 않는다.

누군가가 자신을 괴롭히면, 탈현대인은 포악한 그의 모습 속에서 그의 상처를 본다. 자신을 괴롭히는 그 사람은 성장과정을 통해 깊은 상처를 입은 사람이며, 그래서 그 사람은 어쩔 수 없이 자신을 괴롭힌다는 사실을 이해한다. 이런 깊은 이해가 생겨나면서, 탈현대인의 마음속에는 그에 대한 가엾은 마음이 일어난다.

그러므로 현대인의 눈으로 보면 위험투성이고 지극히 불안정한 상황에서도, 탈현대인은 평탄한 길을 여유롭게 걷듯 유유자적한 삶을 살아간다. 독충도 맹수도 그의 마음의 평화를 깨지 못한다.

에고의 죽음으로 몰고 가는 사랑
－天地不仁

> "천지는 인仁하지 않아 만물을 짚으로 만든 개처럼 여긴다[天
> 地不仁以萬物爲芻狗]."
>
> 『노자』 5장

추구芻狗란 제사祭祀에 쓰기 위해 짚으로 만든 개를 뜻한다. 추구는 제사가 끝나면 쓸모가 없기 때문에 버려지므로, 소용이 있을 때에는 사용되다가 소용이 없어지면 버려지는 하찮은 것을 지칭한다. 이 구절을 읽으면 이런 생각이 든다. '아니! 만물을 제사가 끝나면 불태워버리는 추구처럼 하찮게 여기는 것이 무슨 사랑이란 말인가!' 그러나 이것이 진정한 사랑이며, 탈현대 사회에서 사랑의 의미이다.

현대인의 자식 사랑을 보면, 노자의 진정한 사랑과 정반대 모양을 하고 있다. 자식이 원하는 것은 다 들어주고, 가장 맛난 것은 자식에게 주며, 가장 좋은 옷은 자식에게 입히면서, 금이야 옥이야 하며 왕자나 공주처럼 아이를 기른다. 무리를 해서라도 비싼 유치원에 보내고, 기러기 아빠를 만들면서도 자녀를 해외로 조기유학 보낸다.

이렇게 자란 자녀가 장성하면 어떻게 될까? 불효자가 된다. 자기중심적인 이기주의자가 된다. 자기가 원하는 것을 부모가 다해주면 아이는 이렇게 생각한다. '내가 원하는 것은 즉각 이루어져야 해.' 가장 맛난

것을 부모가 자기에게 주면 아이는 이렇게 생각한다. '제일 맛난 것은 내입으로 들어와야 해.'

현대인의 자식 사랑은 잘못된 사랑의 대표적인 사례이다. 이것은 진정한 사랑이 아니다. 이것은 아이의 추한 에고를 강화시키는 결과를 초래한다. 이렇게 해서 자기중심적이고 이기적인 성향을 갖게 된 아이는 반드시 불행해진다. 왜냐하면 아무도 자기중심적이고 이기적인 사람을 좋아하지 않으며, 모든 사람의 미움을 받으면서 행복해지는 것은 불가능하기 때문이다. 또한 그는 스스로 불행할 뿐 아니라 이 세상을 더욱 고통스러운 곳으로 만들어가는 사람이 된다.

탈현대 사회에서는 이와 반대이다. 탈현대 사회에서의 사랑은 사랑의 모양을 하고 있지 않다. 여호아는 큰 홍수를 일으켜 인류와 모든 생명을 죽여 버린다. 여기에 어떤 사랑이 있을까? 여호아는 아브라함에게 그의 독생자 이삭을 죽여 제물로 바치라고 명령한다. 신의 무자비한 명령에 아브라함은 공포와 전율을 느낀다. 여기에 어떤 사랑이 있을까? 여기서 우리가 발견할 수 있는 것은 잔인함뿐이다.

여호아가 죽음으로 몰고 가는 만물이란 무엇일까? 그것은 바로 '에고'이다. 여호아는 사정없이 에고를 내리친다. 왜 내려칠까? 에고를 산산조각 내어버리기 위해서다. 왜 이것이 진정한 사랑일까? 에고가 산산조각 난 바로 그 틈을 뚫고 '참나'가 자신의 빛을 뿜을 수 있기 때문이다. 진정한 사랑이란 무엇인가? 에고를 부수어주는 것이다. 이것이 바로 노자가 말하는 "천지는 인仁하지 않아 만물을 짚으로 만든 개처럼 여긴다[天地不仁以萬物爲芻狗]"의 의미이다. 그리고 이것이 탈현대 사회에서 진정한 사랑의 의미이다.

텅 빈 마음
-當其無 有車之用

"서른 개의 바퀴살은 바퀴통 하나를 함께하니, 그 가운데 빈 곳으로 인해 수레가 쓸모 있게 된다[三十輻 共一轂 當其無 有車 之用]."

『노자』 11장

텅 비어 있는 것은 무엇일까? 도道이다. 무엇이 텅 비어 있을까? 욕심, 집착, 분별심, 기필하고자 하는 마음, 불안, 짜증, 분노, 서운한 마음, 미움, 등이 텅 비어 있다. 이것은 바로 탈현대인의 마음속이다.

현대인의 마음속은 가득 차 있다. 예전에 시인과 촌장이 부른 〈가시나무〉라는 노래가 있었는데, 노랫말 첫 구절이 이렇다. '내 속엔 내가 너무도 많아 당신의 쉴 곳 없네.' 현대인의 마음속엔 내가 너무도 많아, 네가 들어올 수 있는 공간이 없다. 수레바퀴 가운데가 가득 차 있으니, 굴러갈 수 없다. 그릇이 가득 차 있으니, 거기에 아무것도 담을 수가 없다. 방이 가득 차 있으니, 거기에 아무것도 들어갈 수가 없다.

마음을 가득 채우고 있는 욕망이 나를 부리니, 내 마음은 쉴 틈이 없다. 마음을 가득 채우고 있는 집착이 나를 부리니, 내 마음엔 자유가 없다. 마음을 가득 채우고 있는 분별심이 나를 지배하니, 내 마음은 도道를 만날 수 없다. 마음을 가득 채우고 있는 분노가 나를 부리니,

내 마음은 고통으로 가득 찬다. 마음을 가득 채우고 있는 불안이 나를 휘두르니, 내 마음엔 평화가 없다.

현대인의 마음을 가득 채우고 있는 이 많은 짐을 마음에 지고 살아가자니, 삶은 무척 힘이 든다. 마음은 늘 무언가에 쫓기고, 분주하다. 마음은 '지금 있는 그대로'의 현재에 저항한다. 현대인의 마음은 늘 '가득 차 있으며[有]', 이는 인위이고, 도와 반하는 모습이다.

탈현대인의 마음은 어떠할까? '텅 비어 있다[無]'. 탈현대인의 마음은 무위이고, 도와 하나이다. 현대인의 마음을 가득 채우고 있는 그 모든 것들이, 탈현대인의 마음속에는 텅 비어 있다. 그래서 나는 너 속으로 들어갈 수 있고, 너는 내 속으로 들어올 수 있다. 수레바퀴 가운데가 텅 비어 있으니, 잘 굴러갈 수 있다[三十輻 共一 當其無 有車之用]. 그릇이 텅 비어 있으니, 거기에 무엇이던 담을 수가 있다[埴以爲器 當其無 有器之用]. 방이 텅 비어 있으니, 거기에 모든 것이 들어갈 수 있다[鑿戶 以爲室 當其無 有室之用].

탈현대인의 마음은 한가롭다. 지금보다 나은 미래에 대한 추구가 멈추어 있기 때문이다. 그는 현재 속에 깊이 머물며, 경이로운 세계와의 접촉을 이룬다. 탈현대인의 마음은 자유롭다. 아무것에도 집착하지 않기 때문이다. 탈현대인의 마음은 평화롭다. 아름답게 추락할 수 있기 때문이다. 탈현대인의 마음은 기쁨이 넘친다. 매사에 감사할 수 있기 때문이다. 탈현대인은 늘 도와 만난다. 분별심이 사라졌기 때문이다.

돌아감의 자각 속의 삶
-致虛守靜

"비움에 이르기를 지극히 하고 고요함을 지키기를 돈독히 하면, 만물이 번성하되 나는 그 돌아감을 본다[致虛極 守靜篤 萬物竝 作 吾以觀其復]."

『노자』 16장

비움[虛]이란 무엇일까? 욕망, 선입견, 미래에 대한 추구, 분별심, 견해 등 에고의 모든 것[감정, 생각, 욕망]이 비어진 것이다. '에고가 떨어져 나간 사람', 그는 바로 도인이고, 탈현대인이다.

에고가 떨어져 나가면, 마음속 모든 소란이 종식[靜]된다. 이것은 바다 표면[에고]이 한결같이 잔잔한 것을 의미하는 것이 아니다. 그것은 불가능하다. 정靜의 의미는 바다 표면에 폭풍이 몰아칠 때조차도, 바다 밑바닥[참나]은 고요함을 말한다. 그래서 바다 표면에선 크고 작은 파도가 일어나지만[萬物竝作], 나[참나]는 모든 일어난 파도가 수평면에 수렴할 것을 알기에[吾以觀其復], 내 마음은 출렁이지 않는 것이다.

현대인은 파도[에고]가 자기 자신이라고 생각하기에, 아무리 높이 솟구친 파도라고 할지라도 결국 수평면에 수렴할 것이라는 현실을 보지 못한다[不知常]. 그래서 파도가 출렁이면 내 마음도 출렁이고, 파도[소유와 소비, 인기, 외모 등]를 더 크고 높게 만들고자 하는 삶에 진력하며, 파도에 집착한다. 그래서 필연적으로 다가오는 죽음의 순간이 오면, 커다란 재앙을 맞이하게 된다[妄作凶].

사회적인 차원에서도 마찬가지이다. 현대인은 현대 자본주의체제, 현대 교육, 현대 국가 등과 같은 현대가 만들어놓은 제도와 사회구조가 영속하리라는 착각[不知常] 속에서 삶을 영위한다. 그러나 이 모든 것이 하나의 파도에 불과한 것들이다. 문명 대전환기인 현시점에서 보면, 이런 모든 현대 제도와 사회구조들이 무너지고 있다. 그러나 '현대 사회를 사회'로 동일시하는 오류를 범하고 있는 현대인은 이런 현대의 붕괴에 창조적으로 응전할 수 없다. 그래서 현대의 죽음을 맞이한 지금, 이것은 커다란 재앙이 되고 있다[妄作凶].

탈현대인은 개인적인 차원에서나 사회적인 차원에서나 모든 솟아오른 파도는 바다에 수렴함을 안다[知常]. 그래서 탈현대인은 돌아감[歸根]의 자각 속에서 살아간다. 그래서 어떤 것에도 집착하지 않는다[致虛極]. 어떤 것도 그의 마음을 흩트리지 못한다[守靜篤].

그는 에고의 틀 속에서 고통 받으며 살아가는 모든 존재를 가엾이 여기며 따뜻하게 품어준다[容]. 죽음에 대한 자각 속에서 살아가기에, 탈현대적인 삶과 사회에는 죽음이 없다[道乃久 沒身不殆].

평범함에 안주하는 삶
-落落如石

"옥처럼 아름답고 매끈한 존재가 되려 하지 않고, 돌처럼 거칠거칠한 존재가 된다[不欲祿祿如玉 落落如石]." 『노자』 39장

이 구절은 탈현대인의 삶의 모습을 잘 보여준다. 들꽃처럼 그는 자신을 더 멋져 보이는 존재로 꾸미려 하지 않지만, 그는 향기롭고 아름답다. 그저 그런 존재로서의 자신에 만족하는 탈현대인의 모습, 감동적인 탈현대적인 삶의 풍경이 이 구절에 녹아 있다.

현대인은 '옥처럼 아름답고 매끈한 존재가 되는 것을 추구[欲祿祿如玉]'한다. '실재의 표피에 화장을 입히는 것', 이것이 현대적인 삶의 단면이다. 1970년대 후반, 필자가 대학을 다닐 때만 하더라도, 화장을 하는 여대생은 드물었다. 그런데 지금은 중고등학생들도 화장을 하는 경우가 많다.

화장에는 화장하기 이전의 실재의 자기 모습에 대한 불만족이 전제되어 있다. 현대인은 자신이 있는 그대로는 초라한 존재이기 때문에 무언가를 입히고 꾸며서 옥처럼 아름답고 매끈한 존재가 되어야 한다고 생각한다. 물론 화장은 얼굴에만 국한되는 것이 아니고 현대인의 삶의 모든 국면에 관철된다. 자신의 학벌, 영어구사 능력, 시집이나 친정의

재력, 명품가방과 명품차 등은 모두 우리의 보잘것없는 존재를 보잘것 있는 존재로 꾸며주는 치장물들이다.

그래서 행여 이런 치장물 중의 하나가 망가지기라도 하면, 현대인은 자기 자신이 망가진 양 깜짝 놀란다. '평범한 존재로 머무는 것에 대한 거부!', 이것이 현대인이 내뱉는 구호이다. '별스럽지 않은 존재로 전락하는 것에 대한 두려움', 이것이 현대인의 마음을 지배하고 있다.

그래서 현대인은 '특출한' 존재가 되기 위해 많은 노력을 기울인다. 현대인의 패션을 봐도 '튀려고' 하는 욕망이 드러난다. 과감한 노출, 형광색의 의상, 짙은 화장, 무지개 빛깔 머리색, 높은 굽 등은 그 다양한 표현이다. '특출한 존재가 되기 위한 노력'의 밑바닥에는 무엇이 있을까? '있는 그대로의 나는 별 볼 일 없는 존재'라는 생각이 있다. 그래서 현대인은 '아름답고 매끈한 옥'이 되고자 하는 추구를 멈출 수 없는 것이다. 그러나 특출한 존재가 되기 위한 현대인의 노력은 결국 실패할 수밖에 없다. 그리고 깊은 좌절감과 고통을 그 행위 주체에게 안겨준다.

탈현대인은 어떠할까? 탈현대인은 현대인과 정반대이다. 탈현대인은 "옥처럼 아름답고 매끈한 존재가 되려 하지 않고, 돌처럼 거칠거칠한 존재가 된다[不欲祿祿如玉 落落如石]." 탈현대인은 '돌처럼 거칠거칠한 존재[落落如石]'로서의 자신에 만족하며, 즐겨 거기에 머문다. '아름답고 매끈한 존재가 되기 위한 노력의 중지!', 이것이 탈현대적인 삶의 모습이다.

탈현대인은 어떻게 그럴 수 있을까? 어떻게 아무런 특출함도 없는 자신에 즐겨 머물 수 있을까? 그 답은 이러하다. '나는 이미 지금보다 더 아름답고 매끈한 존재일 수 없음'에 대한 자각이 탈현대인에게는 있기 때문이다. 탈현대인이 바라본 나의 실상은 '더 이상 높이 올라갈 수 없을 만큼 가장 높은 곳에 이미 도달한 존재'이다. 그러므로 나는 나를 꾸밀 필요가 없으며, 나에게 무엇을 입힐 필요도 없다.

'평범함 속에 깃들어 있는 비범함!', 이것을 탈현대인은 어디에서나 만난다. 졸졸 흐르는 시냇물, 우리가 느끼는 감정, 매일매일 아주 조금씩 자라는 나무, 내 앞에 서 있는 당신…. 탈현대인은 평범한 것이란 실제로 존재하지 않는다는 것을 알고 있다.

이 세상의 미물조차도 우리가 가늠할 수 없는 존재의 깊이를 품고 있는데, 나 자신의 경이로움과 특별함은 말할 나위가 없다. 그래서 탈현대인은 그냥 투박한 돌덩이로서, 이름 없는 작은 풀로서, 온 우주와 함께 호흡하는 우주적인 삶을 살아간다.

6.

탈현대 사회상 1
-사랑의 사회

탈현대 사회는 사랑의 사회다. 탈현대 사회에서 모든 행위 주체들은 서로를 존중하며, 깊이 존경한다. 탈현대 사회는 원망을 만들지 않는다. 탈현대 사회 구성원들은 매사에 감사한다. 탈현대 사회에서는 상대편의 허물을 덮어준다. 탈현대 사회에서 사람들은 사랑으로 결합한다.

대도가 넘치는 사회
-大道 氾兮

"대도는 범람하는 물과 같이 흘러넘치는구나[大道 氾兮]! 좌우
에 두루 미치네[其可左右]. 만물이 도에 의지해서 생장하는데
어느 것 하나 물리치지 않으며, 공을 이루어도 그 이름을 드러
내지 않는다[萬物 恃之 而生而不辭 功成不名有]. 만물을 사랑하
여 기르지만 그것의 주인이 되지 않는다[愛養萬物 而不爲主]."

『노자』 34장

이 구절은 어느 작은 곳 하나라도 대도_{大道}가 미치지 않는 곳이 없
는 장엄한 대자연의 세계를 묘사하고 있다. 또한 이것은 도와 하나가
된 삶을 살아가는 탈현대인들로 구성된 탈현대 사회에 대한 훌륭한 묘
사이기도 하다.

공을 이루고 거기에 거하고자 하는 사람[功成名有者]은 누구일까?
에고이다. 길러주고 그것의 주인이 되고자 하는 사람[養萬物 而爲主者]
은 누구일까? 에고이다. 대다수의 현대인은 에고가 주체가 된 삶을 살
아가고 있다. 그래서 공을 이루면 거기에 머물고자 하고, 길러주면 그
것의 주인이 되고자 한다. 다시 말하자면 현대인은 대도와 어긋난 삶
을 영위하고 있으며, 현대 사회는 대도와 어긋난 소외된 사회인 것이다.

탈현대 사회에서 사람들은 '참나'가 주체가 되어 살아간다. 에고가 '도와 어긋난 나'인 반면에, '참나'는 '도와 하나인 나'이다. 그래서 탈현대 사회는 대도가 넘쳐나는 사회[大道 氾兮]로서의 특징을 갖게 된다. 공을 이루지만, 탈현대인에게는 '내가 이루었다'라고 하는 생각이 없다[功成不名有]. 정성을 기울여 만물을 키워주지만, 탈현대인은 그것의 주인이 되고자 하지 않는다[愛養萬物 而不爲主].

　　현대 사회와 마찬가지로 탈현대 사회에서도 부모들은 사랑과 정성을 다해 아이들을 양육한다. 하지만 현대 사회와 달리, 탈현대 사회의 부모들은 장성한 자녀에게 자유를 선물할 수 있다. 탈현대 사회의 교사들은 정성을 다해 학생들을 훌륭한 사람으로 교육한다. 그러나 탈현대 사회의 교사들에겐 '내가 키웠다'라고 하는 생각이 없다. 탈현대인들은 언제 어디서나 도움이 필요한 사람들에게 도움을 베풀며, 또 도움이 필요하면 도움을 받는다. 그러나 도움을 주는 이에게나 받는 이에게나 걸림이 없다.

　　내가 타는 차는 늘 연식이 십여 년 된 낡은 차다. 십여 년 전 비가 내리던 어느 날, 내 차가 넓은 길 한가운데서 멈춰서버렸다. 나는 비를 맞으면서 오른손으론 핸들을 잡고 다른 손으론 차문을 잡고서 힘껏 길가로 차를 밀려고 했다. 그러나 역부족이어서 차는 움직이지 않고, 도로 한가운데에서 난감한 상황에 빠져 있었다. 그러던 중에, 봉고차 한 대가 길가에 비상주차를 했다. 그 차에서 한 청년이 내리더니, 성큼성큼 다가와 비를 맞으면서 내 차를 밀어주었다. 길가까지 차를 밀어주더니 고맙다는 인사를 건넬 사이도 없이 청년은 휙 사라져버렸다. 그날의 고마운 감정이 아직 생생이 내 가슴속에 살아 있다. 그 고마운 청년처럼 나도 도움이 필요한 사람을 만나면 도와줘야지 하는 다짐과 함께…. 나에게 도움을 베풀던 그 순간, 그 청년은 탈현대인이었으며, 그

청년의 도움은 나를 조금은 탈현대인으로 바꾸어주었다.

도움이 필요한 사람에게 도움을 베풀고선 사라지는 탈현대인, 이런 일이 탈현대인에겐 어떻게 쉽게 가능한 것일까? 탈현대인에게는 자신이 세운 공에 머물고자 하는 에고가 사라졌기 때문이다. 탈현대인은 '참나'가 자신의 주인이 된 사람이다. 그러므로 탈현대인에게는 집착하는 마음도 주재하고자 하는 마음도 없다. 그는 대자유인으로 사랑의 삶을 살아가며, 그의 사랑으로 이 세상은 혜택을 입는다. 탈현대 사회는 대도가 흘러넘치는 사랑의 사회인 것이다.

상덕上德의 사회
-上德不德

> "높은 덕을 지닌 사람은 덕을 마음에 두지 않는다[上德 不德].
> 그래서 덕이 있다[是以 有德]. 낮은 덕을 지닌 사람은 덕을 잃지
> 않으려고 한다[下德 不失德]. 그래서 덕이 없다[是以 無德]."
>
> 『노자』 38장

인간의 도덕적인 행위에는 두 가지 상이한 원천이 있다. 노자는 이를 각각 상덕上德과 하덕下德이라고 명명했다. 현대 사회에서 도덕적인 행위는 그것이 최상의 경우라고 하더라도 하덕下德을 넘어설 수 없다. 반면에 탈현대 사회는 상덕上德에 기초하고 있는 사회이다.

두 가지 상이한 덕의 모양은 유사하다. 하지만 그 덕의 원천과 결과는 아주 다르다.

하덕下德이란 무엇일까? 하덕은 '분리된 개체로서의 나' 안에 내면화되어 있는 도덕률을 가리킨다. 사회화 과정을 거치면서, 그 행위자가 속해 있는 사회의 도덕률이 행위자의 인성에 내면화되면서 하덕이 형성된다. S. 프로이트Sigmund Freud는 하덕을 초자아superego라고 명명했고, E. 뒤르케임Emile Durkheim은 내면화된 사회라고 말했다.

긍정적인 측면에서 보자면, 하덕은 도덕적인 행위의 원천이 되고 윤

리적인 사회질서를 가능하게 한다. 그러나 하덕은 부작용이 있다. 하덕은 욕망에 대한 억압을 바탕으로 삼고 있기 때문이다. 억압된 욕망은 사라지는 것이 아니다. 오히려 압축된 가스와 같이 억압이 심하면 심할수록 더 강한 힘을 갖게 된다. 욕망에 대한 억압이 너무 심해서 그것이 폭발하게 되면, 우린 그것을 정신병이라고 말한다. 정신병 환자의 대부분은 초자아가 너무 비대화된 사람들이며, 하덕이 너무 발달한 사회는 활력을 잃게 된다. 그래서 노자는 "하덕은 진정한 덕이 아니다[是以 無德]"라고 말하는 것이다.

현대 인간관에 바탕을 두고 있는 현대 사회에서 최상의 사회는 하덕下德에 기초하고 있는 도덕적인 사회이다. 왜 그런가? 현대 인간관은 인간을 분리된 개체로 간주하며, 도덕적인 행위의 내적인 원천에 해당하는 개별 자아를 초월하는 도덕적인 본성에 대한 가정이 배제되어 있기 때문이다.

그래서 사회질서를 연구한 사회학자들은 하덕에 많은 관심을 기울였다. 하덕에 기초한 도덕적인 현대 사회란 어떤 사회일까? 몇 가지 사례를 들어보면 다음과 같다. 사람들은 자발적으로[내적인 규제에 의해서] 교통규칙을 포함해서 법규를 준수한다. 개인 간의 관계에서나 집단 간의 관계에서나 사람들은 서로 예의를 지킨다. 즉 매너 있게 행동한다. 사회적인 약자에 대한 복지와 후생이 이루어진다. 사람들은 분노를 잘 표출하지 않으며, 쉽게 분쟁이 생겨나지 않는다. 스칸디나비아 삼국이나 일본 같은 경우가 현실에서 하덕에 기초한 도덕적인 현대 사회에 근접한 경우라고 볼 수 있겠다.

상덕上德이란 무엇일까? 상덕이란 내 안에 내재해 있는 본성, '참나'를 가리킨다. 에고의 막을 걷어내는 마음공부를 통해 '참나'가 자각되고 활동하게 된다. 상덕의 활동은 어떤 모양으로 나타나는가? (에고가)

사랑할 수 없는 것에 대한 사랑, 용서할 수 없는 것에 대한 용서, 믿을 수 없는 것에 대한 믿음, 겸손, 모든 존재를 가엾이 여기는 마음, 아름다운 미소 등이 상덕의 활동 양태이다.

밖으로 드러난 모양만 보면, 상덕과 하덕의 활동 양태에는 유사점이 많다. 그러나 그 본질과 결과는 상이하다. 본질의 측면에서 볼 때, 하덕은 '참나'의 활동이 아니다. 결과에서 볼 때, 상덕은 하덕과는 달리 부작용이 없다. 왜냐하면 상덕은 억압에 바탕을 두고 있지 않기 때문이다. 그래서 노자는 "상덕은 진정한 덕이다[是以 有德]"라고 말하는 것이다.

인류가 열어가야 할 새로운 사회인 탈현대 사회는 '참나'에 기반을 둔 문명이다. '참나에 대한 자각'이 탈현대 사회의 기반이 되고, '참나의 활동'이 탈현대 사회의 의미가 된다. 탈현대 사회는 상덕上德에 기초한 도덕적인 사회이며, 사랑의 사회이다. '참나'가 자각되고 나면, 샘물이 끊임없이 솟아나듯 사랑은 저절로 표출된다. 탈현대인은 진정으로 겸손하고, 용서할 수 있으며, 아름다운 미소를 지을 수 있다. 상덕은 하덕과 달리 부작용이 없으며, 불꽃이 또 다른 불꽃을 일으키듯 지속적일 뿐만 아니라 확산된다.

대순大順의 사회
-塞其兌 閉其門

"세상에 시초가 있어 세상의 어머니가 되었다. 이미 그 어머니를
얻었으면 이로써 그 아들을 알 수 있으니 이미 그 아들을 알고
다시 그 어머니를 지키면 죽을 때까지 위태함을 모른다[天下有
始 以爲天下母 旣得其母 以知其子 旣知其子 復守其母 沒身不殆]."

『노자』 52장

위 구절을 한마디로 요약하면 다음과 같다. '도와 하나가 되어 도를
따르는 삶을 살아라.' 이것은 『노자』 전체를 일관하는 가르침이기도
하다.

어떻게 도와 하나가 된 삶을 살아갈 수 있을까? 노자가 제시하는 대
답은 이렇다. "그 구멍을 막고 그 문을 닫으면, 종신토록 고단하지 않
을 것이다[塞其兌 閉其門 終身不勤]." 그 구멍이란 무엇인가? 욕망이 샘
솟아 나오는 구멍이다. 그 문이란 무엇인가? 외물이 나를 유혹하는 소
리가 들어오는 문이다. 어떻게 그 구멍을 막고 그 문을 닫을 것인가?
'내가 욕망을 훨씬 넘어서 있는 존재임에 대한 자각'을 통해서이다.

그러나 현대인의 삶은 이와 반대이다. "그 구멍을 열고 그 일을 만들
면, 종신토록 구제받을 길이 없다[開其兌 濟其事 終身不救]"라고 노자

는 말했는데, 현대인의 삶이 바로 이와 같다. 현대인은 욕망의 노예가 되어 외물에 휘둘리는 희망 없는 삶을 살아간다.

현대는 무도無道한 사회이며 비도非道의 사회임에 반해, 탈현대는 대순大順의 사회이다[見小曰明 守柔曰强]. 조선 유교사회에서는 인륜을 따르고자 했고, 서구 기독교사회에서는 하느님을 따르고자 했으며, 현대 자본주의사회에서는 돈을 따르고자 한다면, 탈현대 사회에서 사람들은 도道를 따르며, 도道에 순응하는 삶을 영위해 나간다[塞其兌 閉其門 終身不勤].

'도道와 합치하는가, 아닌가?' 이것이 탈현대 사회에서 모든 행위와 관계의 준칙이 된다. 사람들은 천지만물의 운동을 면밀히 관찰해서 도道를 터득하고, 도道와 어긋난 에고를 자각하며, 도道와 합치된 행위와 관계를 회복한다. 이리하여 탈현대 사회는 대순大順의 사회로서의 특징을 갖는다.

그렇다면 구체적으로 도를 따르는 삶이란 어떤 것일까? 운전을 예로 생각해보기로 하자. '도에 맞는 운전이란 어떤 것일까?' 도에 맞는 운전은 '행복한 마음으로 운전하는 것'이다. 또한 도에 맞는 운전은 상대편에게 행복감을 주는 운전이다. 나의 운전으로 인해 다른 차들이나 길을 걷던 행인들이 불쾌감을 느낀다면, 그것은 도에 맞는 운전이 아니다. 붉은 신호등 앞에 섰을 때, 도에 맞는 운전을 하는 사람은 가벼운 미소를 띠고 호흡을 즐긴다. 그는 창밖에서 들려오는 매미의 울음소리를 즐길 수도 있다. 도에 맞는 운전은 차량의 흐름에 따르는 운전이고, 조급증을 일으키지 않는 운전이며, 신호등 앞에서는 일단 속도를 줄이는 운전이다.

더운 여름날 빙수나 냉커피같이 너무 찬 음식을 먹지 않는 것도 도에 맞는 삶이다. 몇 년 전 독일을 처음 여행했을 때, 첫 방문지인 하이

델베르크에서 날씨가 아주 더워 '냉커피'를 시킨 적이 있었다. 그런데 나온 냉커피에는 얼음이 하나도 들어 있지 않고, 커피 위에 생크림만 가득 덮여 있었다. 그 후 독일 여러 도시들에서 똑같은 경험을 했다. 뿐만 아니라 우리가 커피를 마신 커피숍은 꽤 크고 유명한 집이었는데 에어컨이 없었다. 여름에 중국을 여행하면서 냉수를 마시기 힘든 것도 동일한 사례이다. 어떤 식당엘 가도 뜨거운 오차물이 나온다. 심지어 콜라조차도 미지근하게 마시는 중국인들이 많다.

양치질, 식사, 설거지, 청소 등 일상생활의 모든 곳과 직장생활이나 가정생활 등 인간관계의 모든 영역에 이를 적용할 수 있다. 도에 맞는 삶을 살아가면 어떻게 될까? 우린 아주 행복해질 것이고, 내가 사랑하는 당신도 나로 인해 행복을 선물 받을 것이다. 이렇게 스스로 행복하고, 상대편에게도 행복을 선물하는 사회가 바로 탈현대 사회이다.

현동玄同의 사회
-和光同塵

"그 날카로움을 꺾고 엉클어진 것을 풀며, 그 빛을 부드럽게 하여 티끌과 하나가 되니, 이를 일컬어 현동이라고 한다[挫其銳 解其紛 和其光 同其塵 是謂玄同]."
　　　　　　　　　　　　　　　　　　　　　　　『노자』 56장

탈현대 사회는 어떤 사회일까? 사회구성원들이 지극히 겸손한 사회이다.

『예기禮記』「예운편禮運篇」을 보면, 이상적인 사회로 대동大同사회를 묘사하고 있다. 대동사회란 어떤 사회인가? 대동사회란 "사람들이 오직 자신의 부모만을 부모로 생각하지 않고, 자신의 자식만을 자식으로 생각하지 않는[人不獨親其親 不獨子其子]" 사회이다. 즉, 대동사회는 탈현대 사회이다.

어떻게 대동사회를 이룰 수 있을 것인가? 노자는 '현동玄同'이라고 답한다. '현동'이란 '현묘한 하나임[道]'이며, '현묘한 하나임에 대한 자각'이고, 또한 '현묘한 하나임에 대한 자각에 바탕 한 현묘한 하나임을 이룸'이다. 이 중『노자』 56장에서 쓰인 현동의 의미는 마지막 의미이다.

현상적으로만 보면 '나(의 집단)는 나'이고, '너(의 집단)는 너'라고 하는 분별의식이 발생하기 쉽다. 그러나 깊이 들여다보면, '나는 너이고, 너는 나이며, 너와 나는 하나'라는 것을 알 수 있다. 바다에서 일어나는 수많은 파도들을 바라보면, 각각의 파도는 자신의 개성을 갖고 있는 분리된 개체인 양 여겨지지만, 그러나 이 모든 파도가 바다의 일부라는 점에서 모든 파도는 하나라는 인식에 도달할 수 있다. 다섯 개의 손가락을 보면, 각각의 손가락은 자신의 길이와 모양을 가진 개체처럼 보일 수 있지만, 모든 손가락이 내 손의 일부라는 점에서 모든 손가락은 하나라는 인식에 도달할 수 있다. '나는 너이고, 너는 나이며, 너와 나는 하나'인 세계가 열리는 것이다. 바로 이런 자각을 '현동'이라하며, 탈현대 사회는 현동의 사회인 것이다.

'현동'으로서의 탈현대 사회상을 압축하고 있는 말이 '화광동진和光同塵'이다. '화광동진'이란 자신의 빛을 부드럽게 해서 티끌과 함께함이란 의미이다. 어떻게 빛나는 존재로서의 내가 티끌과 같아 보이는 존재와 함께하고 하나가 될 수 있는가? '현동'을 자각했기 때문이다.

현대 사회는 '화광동진'과 정반대에 위치한 사회이다. 고급 스포츠카를 타고 커다란 소음을 내며 거리를 질주하는 젊은이의 모습을 보라. 수백만 원 하는 명품가방을 메고 뻐기는 여성을 보라. 자신의 예쁜 외모에 대한 자의식에 가득 찬 젊은 여성을 보라. 자신의 자녀교육을 담당하는 선생님에게 삿대질을 하는 학부모를 보라. 오만과 무례함으로 가득 차 있는 현대 사회, 그 결과는 고통과 불행이다.

탈현대인은 어떠한가? 이와 정반대이다. 탈현대인은 자신의 날카로움을 꺾는다[挫其銳]. 날카로움이란 무엇일까? 날카로움이란 상대편에게 상처를 줄 수 있는 자신의 모남이다. 모남을 꺾는다는 것은 무엇인가? '내가 옳고 너는 틀렸다'라는 생각의 틀에서 벗어나 자신을 부드럽게 해서 자신과 다른 견해나 생각들을 받아들일 수 있는 능력이 커진 것을 말한다. 공자는 이를 '귀가 순해짐[耳順]'이라 했고, 탈현대인은 바로 이순의 경지에 도달한 사람들이다.

탈현대인은 그 얽힘을 푼다[解其紛]. 그 얽힘이란 개인 간의 얽힘일 수도 있고, 집단 간의 얽힘일 수도 있다. 탈현대인은 평화의 전도사이다. 그는 모든 얽힘을 풀어내는 데 달인이다. 서로 간의 오해, 편견, 갈등, 질시 등을 풀어나감으로써 그는 이 세상에 영구적인 평화를 건설해나간다.

탈현대인은 그 빛을 부드럽게 한다[和其光]. 그는 지극히 겸손하다. 그는 뛰어난 사람이지만, 뛰어남이 그를 지배하지 못한다. 그래서 그는 마침내 티끌과 하나가 된다[同其塵]. 저자거리에서 무애가無㝵歌를 노래하고 춤추며 민중과 하나가 되어 민중 속에 머물던 원효元曉를 상상해보라. 원효 속에서 우리는 화광동진하는 탈현대인의 모습을 발견할 수 있다.

선악의 구분이 끊긴 사회
-善之與惡 相去若何

> "'예'하고 '응'하고 얼마나 다르며, 선과 악의 차이가 얼마나 되는
> 가[唯之與阿 相去幾何 善之與惡 相去若何]?"   『노자』20장

 에고의 판 위에서 보면, '예'라는 응답과 '응'이라는 응답 사이에는 커
다란 차이가 있다. 또한 '선'과 '악' 사이에도 커다란 차이가 있다. 현대
인과 현대 사회는 양자를 차이가 나는 것으로 규정한다. 하지만 '참나'
의 판 위에서 보면, 상황에 대한 인식이 전혀 달라진다. '예'라는 응답
과 '응'이라는 응답, '선'과 '악' 사이에는 아무런 본질적인 차이가 없다.
 평면 위에서 서로 정반대에 위치하고 있는 A와 B라는 두 점을 상정
해보도록 하자. A와 B 간에는 서로 차이가 있는 것일까, 없는 것일까?
만일 우리가 수평적인 차원에서 바라본다면, A와 B 간에는 커다란 차
이가 있다. 이것이 바로 '예'와 '응', '선'과 '악'을 차이나는 것으로 바라
보는 현대적인 시각이다. 그러나 수직적인 차원에서 바라본다면, A와
B 둘 다는 높이가 제로로 양자 간에는 아무런 차이가 없는 것으로 인
식된다. 이것이 바로 '예'와 '응', '선'과 '악'을 동일한 것으로 바라보는
탈현대적인 시각이다.
 현대 사회는 에고의 판(수평) 위에서, '현재보다 나은 미래'를 추구한

다. 그러나 '참나'의 판(수직) 위에서 보면, 우리가 평면 위에서 아무리 변화를 위한 노력을 기울인다고 하더라도 우리는 조금의 변화도 이룰 수 없다. 현대인이 삶에서 기울이는 노력이 바로 이와 같다. 현대인은 평면 속에 갇혀 있는 것이다.

노자는 말한다. "세상 사람들은 희희낙락하고 즐거워 큰 잔치를 베풀며 봄 동산에 오르는 것 같구나[衆人 熙熙 如享太牢 如春登臺]!" 현대 사회와 현대적인 삶의 화려한 외양을 잘 보여주는 구절이다. 고층빌딩이 숲을 이루고 네온사인 불빛이 번쩍거리는 맨해튼 밤거리를 걷다 보면, 거리의 카페에 희희낙락하며 넘치는 사람들을 바라보며 '여긴 참 멋진 세상'이란 생각이 든다. 그러나 몇 블록만 걸어 후미진 골목길에 접어들면, 마약과 술에 절어 눈동자가 풀려버린 사람들, 절망 속을 걷고 있는 거리의 부랑자들을 쉽게 만날 수 있다.

현대는 열심히 고층빌딩을 세우고, 고속도로를 건설한다. 하지만 우리는 행복을 향해 한 발자국도 나아가지 못한다. 현대 사회의 외관이 보여주는 화려함 뒤엔 외로움, 불안, 절망, 갈등, 분노 등에 사로잡혀 있는 현대의 군상이 있다.

탈현대 사회는 이런 표면과 이면의 상반이 사라진 사회이다. 탈현대인의 눈으로 보면, 상반하는 현대의 표면과 이면은 서로 떼어놓을 수 없는 것이며, 다르지 않은 것이다[善之與惡 相去若何]. 현대는 나쁜 것의 제거와 좋은 것의 추구를 통해 좋은 세상에 이르고자 한다. 하지만 이것은 불가능한 일이다. 좋은 세상[탈현대 사회]의 시작은 '그 둘이 하나이며, 현대적인 추구 자체가 망상임'에 대한 자각인 것이다.

노자는 현대인[俗人]과 대비해서 탈현대인의 모습을 이렇게 표현한다. "담담하기는 잔잔한 바다 같고, 어디에도 머무르지 않음은 마치 높이 부는 바람 같다[澹兮 其若海 飂兮 似無所止]." 탈현대인은 매사에

담담하다. 그에게는 특별히 좋고 나쁨이 없다. 그냥 일어나는 모든 것
은 '그저 그럴 뿐'인 것이다. 그러므로 그에게는 기필하고자 하는 마음
이나 집착이 떨어져 나가 하늘 높은 곳에서 부는 바람처럼 어디에도
메이지 않고 자유롭다.

그는 어떤 일이 일어나도 '아니요'라고 말하지 않는다. 경제적인 파
산, 늙음, 질병, 명예의 실추, 경쟁에서의 패배, 직장의 상실 등은 물론
이고, 죽음이 그에게 다가왔을 때조차도 그의 대답은 언제나 '예'이다.
어떤 사건도 그의 마음을 흔들지 못한다.

도와 하나가 된 사회
-大成若缺

> "크게 이룸은 결함이 있어 보이나 그 쓰임이 끝이 없고, 크게 차 있는 것은 빈 듯 보이나 그 쓰임이 다함이 없다[大成若缺 其用不弊 大盈若沖 其用不窮]."
>
> 『노자』 45장

탈현대 사회는 크게 이룬 사회[大成]이고, 크게 차 있는 사회[大盈]이며, 크게 곧은 사회[大直]이고, 크게 정교한 사회[大巧]이며, 진정한 말이 행해지는 사회[大辯]이다. 노자가 말한 이 각각의 의미를 밝혀보도록 하자.

탈현대 사회는 크게 이룬 사회[大成]이다. 그러나 현대인의 눈으로 보면, 탈현대 사회는 결함이 많아 보인다[若缺]. '크게 이룬 사회'란 어떤 사회일까? '크게 이룬다'는 것은 사회구성원들이 '참나'를 자각하고 자기 삶의 주인공이 되게 함을 이르는 말이다. 사회적으로 보자면, '크게 이룬 사회'란 탈현대 사회를 가리키며, 사랑의 사회이다.

현대의 눈으로 바라본 탈현대인은 결함투성이이다. 그들은 말과 행동이 어눌하고, 재빠르게 자신의 이익을 챙기지도 못한다. 손해를 입어도 껄껄껄 하며 웃는 모습은 마치 바보 같아 보인다. 게을러서 몸을 꿈적이는 것을 싫어하는 그들을 바라보면 답답하다. 현대인이 바라본 탈현대 사회에 대한 소감은 한마디로 요약한다면 '허황하고 황당하다'이다. 『장자』「소요유 逍遙遊」에 보면, 연작이 대붕의 비상을 보면서 똑같은 황당함을 표명한다. 그러나 실상은 이러하다. 사랑의 사회로서의 탈현대 사회는 어떤 상황에도 창조적인 대응을 할 수 있는 그 쓰임이 끝이 없는 사회이다[其用不窮].

탈현대 사회는 크게 차 있는 사회[大盈]이다. 그러나 현대인의 눈으로 보면, 탈현대 사회는 텅 비어 있는 부실한 사회처럼 보인다[若沖]. '크게 차 있는 사회'란 어떤 사회일까? 탈현대 사회에는 무엇이 가득 차 있다는 것일까? '참나'가 활동을 시작했을 때, 내 마음을 가득 채우는 것은 무엇일까? 나에게 주어진 것에 대한 깊은 감사, 모든 존재에 대한 깊은 존경심, 약한 존재에 대한 깊은 연민, 상대편의 허물에 대해 짓는 따뜻한 미소 같은 것들이 내 마음을 가득 채운다. 바로 이런 것들이 가득 차 있는 사회, 그 사회가 바로 탈현대 사회인 것이다.

현대인은 생각한다. '도대체 이딴 것들로 어떻게 사회를 추동시킨단 말인가! 문제로 가득 차 있는 현 상황에 대한 비판의식, 불만스러운 현재로부터 탈피하고자 하는 강한 성취욕구, 대립물 간의 긴장감, 이런 것들이 있어야만 사회는 역동성을 갖고 발전할 수 있는데….' 그러나 탈현대 사회는 현대 사회와는 달리 무엇을 더 채워야만 완전해질 수 있는 그런 사회가 아니다. 탈현대 사회는 이미 가득 차 있는 사회이다. 그래서 탈현대 사회는 쓰고 또 써도 그 쓰임이 다함이 없다[其用不窮].

탈현대 사회는 크게 곧은 사회[大直]이다. 그러나 현대인의 눈으로 보면, 탈현대 사회는 굽은 사회처럼 보인다[若屈]. 크게 곧다는 것은 무엇일까? 크게 곧다는 것은 도道와 하나가 된 것을 의미한다. 이런 의미에서 탈현대인은 크게 곧은 사람이고, 탈현대 사회는 크게 곧은 사회이다.

그러나 현대의 눈으로 보면, 크게 곧은 것은 굽은 것처럼 보인다. 서애西厓 유성룡柳成龍을 기리는 안동 병산서원屛山書院 만대루晩對樓에 누워 천장을 바라본 적이 있다. 서까래들은 하나같이 구불구불 굽어 있었다. 현대적인 시각에서 바라본 서까래는 굽어 있다. 그러나 탈현대적인 관점에서 보면, 구불구불한 서까래는 도와 하나이고 크게 곧은 것이다. 탈현대 사회는 바로 이런 의미에서 크게 곧은 사회이다.

탈현대 사회는 크게 정교한 사회[大巧]이다. 그러나 현대인의 눈으로 보면, 탈현대 사회는 졸렬해 보인다[若拙]. 크게 정교한 사회란 어떤 사회일까? 모든 판단이 주어진 상황에 적중하지 않음이 없는 시중時中의 사회이다.

탈현대 사회는 진정한 말이 행해지는 사회[大辯]이다. 그러나 현대인의 눈으로 보면, 탈현대 사회는 어눌해 보인다[若訥]. 진정한 말이 행해지는 사회란 어떤 사회일까? 그것은 말 하나하나에 우주심이 담겨지는 사회이다.

조화로운 다문화사회
-天地相合

"만약 능히 (도를) 지키면, 만물이 장차 스스로 손님이 되고, 천지가 상합하여 달콤한 이슬이 내린다[若能守 萬物 將自賓 天地相合 以降甘露]."

『노자』 32장

문명론적인 측면에서 보면, 이 구절은 미래 인류가 이루어나갈 조화로운 다문화사회의 모습을 서술하고 있는 것으로 해석할 수 있다. 또한 어떻게 조화로운 다문화사회를 이루어갈 수 있는가를 설명하고 있다.

'다문화사회의 도래', 이것은 선택이 아니라 역사의 필연이다. 우리의 선택은 다문화사회를 '맞이할 것인가, 아닌가?'가 아니다. '서로 반목하고 고통 받는 다문화사회를 영위할 것인가?' 아니면 '서로 친구가 되어 행복한 다문화사회를 영위할 것인가?'가 바로 우리의 선택이다. 현대의 선택은 무엇일까? 당연히 전자이다.

현대는 외국인 노동자를 모욕하고, 이주여성을 차별하며, 혼혈아를 집단따돌림 한다. 프랑스는 이슬람 여학생의 히잡 착용을 금지하는 법령을 반포했다. 부강한 국가는 빈약한 국가를 멸시하며 그 위에 군림하려 한다. 중국은 티베트를 강점하고 유혈 진압한다. 이스라엘과 팔레

스타인은 두려움 속에서 고통을 주고받는 저주스러운 땅이 되어버렸다. 현대의 어느 곳에서도 상대편에 대한 존경과 감사, 관용과 용서를 찾아볼 수 없다. 이런 상호 반목 속에서 현대 사회는 점점 더 고통스러운 곳으로 바뀌어가고 있다.

현대 사회에는 어떻게 해서 이런 어리석은 일들이 만연해 있는 것일까? 그것은 현대인들이 도를 지킬 수 없기[能不守] 때문이다. 다문화사회에서 도를 지킨다는 것은 어떻게 하는 것일까? 상대편 위에 군림하려 하지 않는 것, 상대편을 이용하려 하지 않는 것, 상대편을 함부로 대하지 않는 것, 겸손한 마음가짐으로 상대편을 존경하는 것, 상대편의 허물을 용서하는 것, 상대편의 존재에 감사함을 느끼는 것 등, 이런 것들이 바로 다문화사회에서 도를 지키는 것의 의미이다.

만약 도를 지키면[若能守], 어떤 일이 일어날까? 나와 상대편은 서로 친구가 된다[萬物 將自賓]. 서로가 조화를 이룰 수 있게 된다[天地 相合 以降甘露]. 이것이 바로 탈현대 다문화사회의 모습이다.

필자는 오래전 윈난성을 여행한 적이 있다. 윈난성에는 이족彝族, 바이족白族, 장족壯族, 나시족拉西族, 묘족苗族, 부이족布依族 등 수많은 소수민족들이 함께 살아가고 있었는데, 때로는 가까운 거리에서 살고 있었다. 필자가 감동을 받은 것은 이들이 각 민족의 문화를 간직한 채로 수천 년 동안 평화로운 삶을 영위해왔다는 점이다. 어떻게 이런 일이 가능했을까? 필자는 현지 소수민족 가이드에게 물어보았고, 이런 대답을 들었다. "상대편 민족과 문화에 대한 깊은 존중입니다."

탈현대 사회도 현대 사회 이상으로 다문화사회이다. 그러나 현대 사회가 반목의 다문화사회인 반면에 탈현대 사회는 조화로운 다문화사회이다. 탈현대 사회에서 '서로 다름'은 차별의 이유가 아니라 조화를 이루는 조건이 된다. 같은 소리를 내는 악기만으로 교향곡을 연주할 수 없듯이, 서로 다른 문화가 어울려 조화harmony를 이룬다.

문화 간의 우월함이나 열등함은 더 이상 교만과 비굴의 원천이 아니라 진정한 겸손의 이유가 된다. 강한 문화는 약한 문화를 존중하고 존경한다. 그래서 탈현대 문명에서는 우월하고 열등한 문화가 한데 어울려 달콤한 이슬[甘露]을 내린다.

탈현대 사회에서는 상대편 문화가 어떤 잘못을 범했을 때, 이를 용서한다. 또한 잘못을 범한 문화는 상대편에게 자신의 잘못을 시인하고 용서를 구한다. 그래서 허물은 서로를 더욱 단단하게 결속시키는 접착제가 된다.

탈현대인은 상대편 문화에 대해 감사한 마음을 갖는다. '네가 있어서 너무 좋아!' 이것이 탈현대인이 갖고 있는 상대편 문화에 대한 기본 입장이다. 탈현대인은 '네가 없이는 나도 있을 수 없다는 사실을', '궁극적으로 나와 너는 하나라는 사실을' 잘 인식하고 있다.

원망을 만들지 않는 사회
-不責於人

"큰 원망을 풀어준다 해도 찌꺼기 원망이 남아 있으니 어찌 일
을 잘했다고 할 수 있겠는가[和大怨 必有餘怨 安可以爲善]?"

『노자』 79장

현대 사회는 끝없이 원망을 만들어내는 사회이다. 반면, 탈현대 사회
는 원천적으로 원망을 만들지 않는 사회이다.

일본이 한국을 강점하고 한국인을 함부로 대했을 때, 한국인의 마
음속에는 일본에 대한 원망스러운 마음이 생겨났다[大怨]. 그런데 패
전 후 70년이 지났지만 일본은 마음에서 우러난 사과조차 하지 않는
다. 큰 원망을 풀어준다 해도 찌꺼기 원망이 남아 있는 것이련만[和大
怨 必有餘怨], 진심어린 사과조차 하지 않으니 어찌 원망이 사라지겠는
가! 심지어 전후 경제부흥을 한 그들은 '기생 파티 관광단'을 결성해서
가난한 한국을 찾았고, 한국 여성들을 유린했다.

1965년에서부터 1973년까지 한국군은 용병으로 명분 없는 베트남전
쟁에 참가했다. 거기서 베트남 양민에게까지 많은 참혹한 일을 행했다
[大怨]. 그런데 종전이 된 지 40년이 지났지만 한국은 한 번도 진심이
담긴 사과를 한 일조차 없다. 큰 원망을 풀어준다 해도 찌꺼기 원망이

남아 있는 것이련만[和大怨 必有餘怨], 진심어린 사과조차 하지 않으니 어찌 원망이 사라지겠는가! 심지어 종전 후 경제부흥을 한 한국은 베트남에 수많은 한국인 전용 룸살롱을 차려놓고 기생관광을 누렸다.

이렇게 현대 사회에서는 수많은 원망스러운 마음이 생겨나며, 원망스러운 마음을 풀어주지 않기에, 원망스러운 마음은 윤회를 거듭한다. 일본이 패전한 지 70년이 넘지만, 여전히 원망스러운 마음을 품고 있는 중국은 일본 상품 불매운동, 일본 여행 거부, 일본 관광객에 대한 계란 투척 등 상대편을 용서하지 못한다[責於人]. 그리고 악착스럽게 빚을 받아내고자 한다[司徹].

그러나 그런 중국이 동시에 상대편에게 수많은 원망스러운 마음을 만들어내고 있다. 티베트 강점과 티베트인들의 시위에 대한 유혈진압 같은 것은 그 극명한 사례이다. 티베트는 역사적으로 중국 땅이 아닌 독립국이었음에도 불구하고, 티베트의 부존자원에 대한 탐욕으로 중국은 티베트인을 핍박하고 있다. 중국을 강점한 일본과 티베트를 강점한 중국의 차이점은 무엇인가! 중국은 왜 일본에는 사과할 것을 외치면서, 티베트에는 사과하지 않는가! 사과는커녕 정당한 항거를 하는 티베트인을 처참하게 짓밟는 것인가!

현대 사회는 수많은 원망스러운 마음을 만들어낸다. 그리고 사과하지 않는다. 원망스러운 마음을 품은 사람은 용서할 수 있는 능력이 없기에 용서하지 못하며[責於人], 악착스럽게 빚을 받아내고자 한다[司徹]. 그리하여 원망스러운 마음의 윤회는 깊어만 가고, 고통은 커져간다.

탈현대 사회는 어떠한가? 탈현대 사회에서는 원천적으로 원망스러운 마음이 생겨나지 않는다. 원망스러운 마음의 원천은 에고이다. 에고의 차원에서 강자의 약자에 대한 핍박, 무시, 경멸, 모욕, 군림 등이 원망하는 마음을 낳는다. 그런데 탈현대 사회의 기초는 '참나'이다. 에고의 차원에서 보면 강한 것과 약한 것은 중대한 차이지만, '참나'의 차원에서 보면 이것은 차이도 아니다.

탈현대인은 '자신과 상대편을 존경할 수 있는 능력'을 갖고 있다. 그는 하느님을 대하듯이 이 세상 가장 낮은 곳에 있는 약한 사람을 대한다. 그러므로 탈현대 사회에서 감사의 마음은 양산되지만 원망하는 마음은 원천적으로 생겨나지 않는다. 혹시라도 그들이 약자에게 고통을 주었다면, 그 즉시 진심으로 사과하고 용서를 구한다. 또한 당한 입장에서도 그들은 자신에게 잘못을 범한 사람을 용서하며[不責於人], 사과를 촉구하지 않는다[無司徹]. 이리하여 탈현대 사회에서는 원망하는 마음이 생겨나지 않으며, 생겨났다 하더라도 바로 사라지는 것이다.

원수를 사랑하는 사회
-報怨以德

> "하지 않음으로 함을 삼고, 일 없음으로 일을 삼으며, 맛없음으
> 로 맛을 삼고, 큰 것이 작은 것이고 많은 것이 적은 것이며, 원한
> 을 덕으로 갚는다[爲無爲 事無事 味無味 大小多少 報怨以德]."
>
> 『노자』 62장

　이것은 탈현대 사회상에 대한 좋은 묘사이다. 탈현대 사회는 '하지
않음으로 함을 삼는[爲無爲]' 사회이다. '하지 않음으로 함을 삼는 사
회'란 어떤 사회일까? '지금보다 나은 미래에 대한 추구[爲]'가 멈추어
진 사회이다. 돈, 인기, 외모, 학력 등에 대한 추구와 같이 '지금보다 나
은 미래를 추구하는 나'는 누구일까? 그것은 바로 늘 결핍감에 싸여
있는 에고이다. 탈현대인은 자신을 파도[에고]가 아니라 바다[참나]라고
생각한다. 바다인 나는 더 갈 곳이 없다. 다만 자족 속에서 현재를 즐
길 뿐….

　탈현대 사회는 '일 없음으로 일을 삼는[事無事]' 사회이다. 현대인은
'빈 시간을 무엇인가로 채워야만 한다는', '바쁘게 움직여야 한다는' 강
박관념 속을 살아간다. 탈현대인은 이와 반대이다. 하루 종일 통속에
서 뒹굴뒹굴하며 햇볕을 즐겼던 디오게네스는 탈현대인의 일상을 잘

보여준다. 탈현대인은 하루 종일 침대 위에서 뒹굴뒹굴하면서 일없음을 즐긴다. 한가로운 일상 속에 깊은 평화와 기쁨이 함께한다.

탈현대 사회는 '맛없음으로 맛을 삼는[味無味]' 사회이다. 현대인은 특별한 맛을 추구한다. 현대인은 특별한 맛이 평범한 것 속에 있음을 알지 못한다. 그래서 평생을 특별한 맛을 쫓아서 허비하며, 결국 불감증에 걸려 아무런 맛도 느끼지 못하게 된다. 카사노바는 그 전형적인 사례이다. 탈현대인은 맛없음을 맛으로 삼는다. 특별한 맛이 없는 것은 무엇일까? 물, 밥, 오래된 아내나 남편, 매일 되풀이되는 아침식사 준비 같은 것들일 것이다. 하지만 이것보다 더 특별한 것이 어디 있을까! 탈현대인은 일상적인 것 속에서 특별함을 느끼며, 오래된 것 속에서 새로움을 맛본다.

탈현대 사회는 '원한을 덕으로 갚는[報怨以德]' 사회이다. '보원이덕'의 의미는 '자신에게 해를 끼친 사람을 용서하고 사랑하는 것'이다. 이 것은 불교적으로 말하면 윤회를 끊는 것이다. 살아오면서 나는 많은 사람들에게 해를 끼쳤고, 또한 나에게 해를 끼친 사람들도 있었다. 예수는 자신에게 해를 끼친 사람들에 의해 죽임을 당했는데, 그는 십자가에 못 박혀 죽어가면서 이렇게 말했다. "아버지 하느님, 저들을 용서하소서. 저들은 자기가 무엇을 하는지 모릅니다."

예수는 '원수를 사랑하라[報怨以德]'고 말했다. 그러나 우리는 '원수를 왜 사랑해야 하는가, 원수를 어떻게 사랑할 수 있는가?'라고 말한다.

원수를 사랑해야 하는 이유는 원수야말로 나의 '참나'를 일깨워줄 은인이기 때문이다. 원수는 우리에게 상처와 고통을 준다. 그런데 상처와 고통을 받는 것은 바로 우리의 에고이다. 그리고 우리의 에고는 깨어지고 부서져야 할 무엇이다. 원수는 우리의 에고를 부수어준다. 그러니까 우리의 에고를 좋아하고 우리의 에고에게 잘해주는 사람이 아니라, 우리의 에고를 부수어주는 원수야말로 우리를 진리의 길로 인도하는 은인이다. 이 이치를 알게 되면, 우리는 원수에게 감사한 마음을 가질 수 있다.

원수를 어떻게 사랑할 수 있는가? 원수란 뒤틀린 에고를 갖고 있는 사람이며, 사랑스럽지 않은 사람이다. 그는 많은 상처를 안고 있는 그리고 많은 미움을 받은 사람이다. 그가 필요로 하는 것은 더 이상의 상처나 미움이 아니라 관심, 용서, 사랑이다. 탈현대인은 이런 진실을 볼 수 있다. 그래서 그는 자신에게 해를 끼치는 사람을 용서하고, 사랑한다[報怨以德].

원수를 사랑하면 어떤 일이 일어날까? 찬란한 변화가 일어난다. 고통의 윤회는 끊어지고, 원수인 그 사람은 아름다운 사람으로 재탄생한다. 이런 놀라운 일이 일상으로 일어나는 사회, 그곳이 바로 탈현대 사회이다.

매사에 감사하는 사회
-孔德之容 惟道是從

"큰 덕의 모양은 오직 도에서 나온다[孔德之容 惟道是從]."

『노자』 21장

큰 덕이란 무엇일까? 이것은 도[참나]의 태양이 내뿜는 빛이다. 사랑, 겸손, 용서, 감사 등이 그것이다. 도가 아닌 것[에고]에서는 결코 큰 덕이 나올 수 없다. 도가 아닌 것에도 사랑, 겸손, 용서, 감사의 모양은 있지만, 진정한 사랑, 겸손, 용서, 감사는 전혀 존재하지 않는다. 왜 그런 것일까?

에고는 진정한 사랑을 할 수 없다. 에고는 '자신을 분리된 개체로 인식하는 나'를 가리킨다. 그런데 사랑이란 '하나임'에 대한 자각에 바탕을 두고 있다. 에고는 원리적으로 '나와 너'가 '하나임'을 자각할 수 없으며, 사랑할 수 없다. 이것이 현대 인간관이 지배하고 있는 현대 사회가 사랑의 불모지가 될 수밖에 없는 근본적인 이유이다.

에고는 진정으로 겸손할 수 없다. 에고는 자신이 어떤 위치에 있더라도 자신을 자신의 위치와 동일시할 수밖에 없다. 그래서 권력자나 부자는 힘없고 가난한 사람을 하찮게 여길 수밖에 없고, 힘없고 가난한 사람은 스스로를 하찮게 여길 수밖에 없다. 상대편을 하찮게 여기든 자신을 하찮게 여기든 이 두 가지는 모두 겸손과 정반대이다. 그러므로 현대 사회는 무례한 사회가 될 수밖에 없다.

에고는 진정으로 용서할 수 없다. 용서는 잘못을 저지른 상대편을 깊이 들여다볼 수 있을 때만 가능한데, 에고는 그렇게 할 수 없기 때문이다. 그래서 에고가 할 수 있는 것은 보복과 처벌뿐이다. 그래서 현대 사회는 보복과 처벌이 난무하는 사회가 되어버린 것이다.

에고는 진정으로 감사할 수 없다. 에고의 특징이자 에고를 살아 있게 하는 것은 결핍감이다. 그래서 에고는 어떤 대상에 대해서도 불평불만을 쉽게 품지만 좀처럼 감사하지 않는다. 그 결과 현대 사회는 불평과 불만이 넘쳐나는 사회가 되었다.

이리하여 현대인은 비도非道와 반도反道의 삶을 살아간다. 흐르는 물을 거슬러 헤엄치는 것이 어렵듯이, 현대인의 삶은 매사에서 힘겨움을 느낀다. 석가모니는 이런 힘겨운 삶을 살아가는 사람을 중생衆生이라고 했다.

현대인이 할 수 없는 것이 '현재 속에 깊이 머무는 것'이다. 현대인은 늘 '지금보다 나은 미래'를 추구하며, 이런 추구의 과정에서 힘겨움, 좌절, 불안, 분노, 원망 등을 겪는다. 현대인에겐 부부생활도 힘겹고, 직장생활도 힘겨우며, 노년기에 주어지는 한가로움도 힘겹다. 그래서 현대인은 삶의 모든 국면에서 고통을 받고, 또 고통을 준다.

탈현대인의 삶은 이와 반대이다. 현대인이 불만을 느끼는 곳에서 그는 감사를 느낀다. 현대인이 분노와 배신감을 느끼는 곳에서 그는 용서하는 마음을 체험한다. 삶은 그에게 가벼운 것이다. 탈현대인에게는 부부생활도 행복하고, 직장생활도 행복하며, 노년기에 주어지는 한가로움도 행복이다. 그래서 탈현대인은 삶의 모든 국면에서 행복을 느끼고, 또 행복을 선물한다.

현대인과 탈현대인의 삶은 왜 이렇게 다른 것일까? 그것은 현대인은 도에 반하는 삶을 살아가고, 탈현대인은 도와 합치하는 삶을 살아가기 때문이다. 이 세상에서 도와 반하는 유일한 것은 에고이다. 그런데 현대인은 에고의 기반 위에서 삶을 영위한다. 그 결과는 고통이다. 탈현대인에게는 에고가 떨어져 나갔다. 그의 삶은 도와 하나가 되었다[惟道是從]. 그래서 태양이 매순간 빛을 뿜어내듯, 큰 덕[孔德]이 뿜어져 나온다.

그에게는 바라는 것이 없다. 그는 자신에게 주어진 모든 순간 속에 깊이 머문다. 어떤 것이 다가와도 그는 저항하지 않는다. 그는 매사에 감사를 느낀다.

7.

탈현대 사회상 2
- 무위의 사회

탈현대 사회는 어떤 사회일까? 탈현대 사회는 모든 인위적인 추구가 멈추어진 사회이다. 왜냐하면 탈현대 사회는 목적지에 이미 도착한 사회이기 때문이다. '미래에 대한 갈구'가 아니라 '현재 속에 깊이 머묾'이 탈현대 사회의 특징이다. 이를 요약하면, 탈현대 사회는 대도(大道)가 행해지는 무위의 사회이다. 그러므로 탈현대 사회는 성스러운 사회이다. 탈현대 사회에서는 걷는 것, 먹는 것, 잠자는 것과 같이 지극히 일상적인 활동마저도 성화되어진다.

구도 求道 여행자로 붐비는 탈현대 사회

-不出戶 知天下

"집 문밖을 나가지 않고도 천하를 다 안다[不出戶 知天下 不窺
見天道]."

『노자』 47장

이것은 물리적으로 '집 문밖을 나가지 않음'을 의미하는 것이 아니
다. 이 말의 의미는 '자기 바깥에서 구함[외물의 추구]을 그침'을 뜻한
다. 외물의 추구를 멈출 수 있는 것은 '나는 애써 지금의 나에게 무언
가를 덧붙여야만 의미 있는 존재가 될 만큼 가난한 존재가 아님'을 자
각함으로써 가능하다. '집 문밖을 나가지 않고도 천하를 다 알 수' 있
는 사람은 오직 도를 깊이 깨달은 자에 한정된다.

만일 아직 에고에 갇혀 있는 사람이 '집 문밖을 나가지 않으면' 어떻
게 될까? 그는 우물 안의 개구리가 된다. 한식이 세계 최고의 음식이라
는 자문화중심주의자가 되거나 국수주의자가 되어 깊은 편견에 사로
잡히게 된다.

탈현대 사회는 성자誠者의 사회가 아니라 성지자誠之者의 사회이다.
즉, 탈현대 사회는 깊은 깨달음을 얻은 사람들로만 구성된 사회가 아니
다. 그런 사회는 과거나 현재는 물론이고 미래에도 결코 존재하지 않는
다. 탈현대 사회는 깊은 깨달음을 얻은 사람들로만 구성된 사회가 아니

라, 깊은 깨달음을 얻는 것이 삶의 궁극적인 목표로 자리 잡고 있는 사회인 것이다.

그러므로 탈현대 사회 구성원들은 깨달음을 향해 나아가고자 한다. 특히 청소년이나 젊은이들은 발달과정에서 정상적인 에고를 갖고 있다. 이들이 자신의 에고를 자각하고, 에고로부터 자유로워질 수 있는 가장 좋은 방법은 무엇일까? 그것은 구도求道 여행을 떠나는 것이다.

구도 여행은 특정 집단의 무의식 속에 공유된 집단적인 에고를 자각하는 데 있어서 탁월한 방법일 뿐만 아니라 일상 속에 망각되고 있는 자신의 에고를 만나는 데도 효과적인 방법이다. 바로 이런 이유로 과거 불교나 기독교와 같은 종교집단에서 구도를 위한 방랑이 제도적으로 뿌리를 내리고 장려되었던 것이다.

동일한 맥락에서 탈현대 사회에서는 구도 여행이 권장되며, 이는 자기 교육의 가장 대표적인 형태이기도 하다. 그래서 탈현대 사회는 구도 여행자로 넘쳐나는 사회이다. 구도 여행자들이 다른 지역사회에서 장기간 체류하는 일은 탈현대 사회에서 보편화되어 있다. 때로 그들은 아예 그 마을에서 결혼을 하고 뿌리를 내린다. 젊은이들에게 보편화된 구도 여행은 다양한 효과를 갖는다.

첫째, 구도 여행을 통해 타민족이나 타문화에 대한 편견이 사라진다. 즉, '우리 가족, 마을, 민족이 최고'라는 종족의 동굴을 벗어날 수 있는 좋은 기회를 얻는다. 뿐만 아니라 타민족이나 타문화에 대한 깊은 관심과 사랑이 성장할 수 있다. 이것은 서로가 친구로 맺어지고, 진정한 의미에서의 문화교류를 가능하게 하며, 조화로운 다문화사회로서의 지구촌 건설에 기여한다.

둘째, 구도 여행은 '참나'를 자각할 수 있는 좋은 계기가 된다. 구도 여행을 통해 젊은이들은 깨달음이 깊은 스승을 찾아가 만나고 그분들

아래에서 지도를 받는다. 또한 낯선 마을 사람들이 베풀어주는 호의에
접하면서, 인간에 대한 깊은 앎을 얻는다. 좋은 친구[도반]를 만나 영
혼의 친교를 맺는 것도 에고로부터의 자유에 기여할 수 있다.

에고가 사라진 탈현대 문명의 모습
-天長地久

"천지가 능히 장구한 것은 스스로 낳지 않기 때문이다[天地 所以能長且久者 以其不自生]."

『노자』 7장

여기서 '생生'이란 무엇을 의미하는가? '생'이란 '내가 낳았다'라고 하는 생각이다. 즉 '내가 했다!', '나의 것이다!', '내가 누구다!'와 같은 사사로운 마음[私]을 노자는 '생'이라고 표현했다. 탈현대 사회에는 자연[天地]과 마찬가지로 사사로움이 없다[無私]. 그래서 천지도 탈현대 사회도 장구할 수 있는 것이다.

현대인은 에고[私]가 주체가 되어 삶을 살아간다. 그러므로 현대인의 행위 동기는 모두가 사사로운 것이다. 유가에서는 이를 인심人心이라고 명명했다. 에고[私]는 장구할 수 없다. 모든 에고는 무상無常하기 때문이다. 현대인은 자신을 앞세우려 한다[先其身]. 그러므로 그는 뒤처지게 된다[身後]. 현대인은 우뚝 서려 한다[內其身]. 그러므로 그는 낙마하게 된다[身滅].

현대인의 모든 행위의 배후에는 '자신의 이익에 대한 계산'이 깔려 있다. 그는 묻는다. 행위 A와 B 중에서 어떤 것이 나에게 더 큰 이익이 될까? 여러 가지 행위의 선택지 중에서, 그는 본인에게 가장 큰 이익을 줄 수 있을 것으로 판단한 행위를 선택한다. 심지어 가난한 사람들에게 자선을 베푸는 행위와 같은 이타적인 행위에 있어서조차도 이런 '이익의 계산'이 바탕에 깔려 있다. 예컨대, '나는 이타적인 사람이야'라는 '자신을 자랑하는 마음' 같은 것이 그것이다.

탈현대 사회는 어떠할까? 탈현대인은 '참나[公]'가 주체가 되어 삶을 살아간다. 그러므로 탈현대인의 행위 동기는 모두 공적인 것이다. 유가에서는 이를 도심道心이라고 명명했다. '참나[公]'는 장구할 수 있다. '참나[公]'가 주체가 된 나는 에고[私]가 떨어져 나간 상태이기 때문이다.

자연[天地]에도 에고가 없어, 자연[天地]과 '참나[公]가 주체가 된 나'는 에고가 없다는 점에서는 동일하다. 하지만 자연[天地]은 에고[公] 이전의 상태로 '참나'가 아직 주체성을 갖고 있지 못한 상태인 반면에, '참나[公]가 주체가 된 나'는 에고[私]를 거친 이후의 상태로 '참나'가 주체성을 갖고 있다. '참나[公]가 주체가 된 나'는 반드시 에고[私]의 단계를 거쳐서만 존재할 수 있다.

자연[天地]과 '참나[公]가 주체가 된 나'는 이와 같이 커다란 차이가 있다. 하지만 이 둘 모두에게는 에고가 없다는 점에서 동일하다. 자연[天地]과 마찬가지로 '참나[公]가 주체가 된 나' 역시 장구하다. 왜냐하면 양자 모두 에고와는 달리 무너질 수 없는 것이기 때문이다.

에고[私]를 파도에 비유한다면, '참나[公]가 주체가 된 나'는 바다이다. 높이 솟구친 파도는 반듯이 수평면에 수렴할 때까지 떨어지지만, 바다는 솟구치지도 않고 떨어질 곳도 없다. 그래서 에고[私]는 장구할 수 없고 '참나[公]가 주체가 된 나'는 장구한 것이다.

에고[私]가 높은 곳에 도달하려 하고 부족한 자신을 채우려고 할 때, '참나[公]가 주체가 된 나'는 무엇을 할까? '참된 자기'의 자연을 즐긴다. '참된 자기'의 자연을 즐기는 것은 여러 가지 양태로 나타난다.

사랑, 겸손, 용서, 관용, 배려, 감사, 깊은 이해, 유머 등이 그것이다. 유교에서 말하는 인仁의 발현이 바로 여기에 해당한다. 이 모든 '참나'의 발현은 그중 하나가 있으면 모두가 있고, 하나가 없으면 모두가 없다. 그것은 용서할 수 없는 사람은 반드시 사랑할 수 없는 것과 마찬가지 이치이다.

모든 추구가 멈추어진 사회
-知止不殆

"만족할 줄 알면 욕됨이 없고 그칠 줄 알면 위태롭지 아니하여 가히 오래갈 수 있다[知足不辱 知止不殆 可以長久]." 『노자』 44장

    탈현대 사회는 지금보다 나은 미래에 대한 추구가 멈추어지고, 모든 사람들이 '지금 여기에' 깊이 머무는 사회이다.

    현대 사회에서 사람들은 강박적으로 무엇인가를 추구한다. 때로는 명성을, 때로는 재물을, 때로는 외모를, 때로는 권력을 추구한다. 현대인은 왜 이렇게 끊임없이 무엇인가를 추구하는 것일까? 그 답은 이렇다. 지금 이대로는 그들 자신이 너무 하찮은 존재라고 여기기 때문이다.

    현대인은 이렇게 생각한다. '명성을 잃어버린다면, 재물을 잃어버린다면, 멋진 외모가 훼손된다면, 권력을 상실한다면, 그때 난 아무것도 아닌 존재로 전락하는 거야.' 그러므로 현대인은 필사적으로 이런 것들에 매달린다. 현대인의 추구에는 멈추어야 할 적정선이나 만족할 수 있는 지점이 존재하지 않는다.

    탈현대 사회에서는 지금보다 나은 미래에 대한 모든 추구가 멈추어진다. 왜냐하면 재물[貨]이나 명성[名] 같이 대수롭지 않은 것을 덧붙여야지만 자신이 의미 있는 존재가 될 수 있다는 현대적인 강박으로부

터 탈현대인은 벗어나 있기 때문이다. 그러므로 탈현대인은 외물에 집착[甚愛]하지 않으며, 많이 쌓아두지[多藏] 않는다.

탈현대인에게 모든 것은 의미로 가득 차 있다. 하늘에 흘러가는 구름, 흩뿌리는 비, 설거지, 너의 아름다운 미소, 위장의 소화운동, 아내의 숨소리 등…. 탈현대 사회에서 무의미한 것은 어디에도 존재하지 않는다.

현대인이건 탈현대인이건 인간은 태어났을 때부터 죽음에 이를 때까지 끊임없이 숨을 쉰다. 그러나 현대인은 호흡이 가쁜 경우와 같이 특별한 경우를 제외하고는 자신의 숨을 의식하지 않는다. 탈현대적인 관점에서 보면, 현대인은 숨을 쉬고 있지만 숨의 경이로움에 잠들어 있다. 탈현대인은 자각 속에서 숨을 쉰다. 대기 중의 무형의 에너지가 나의 몸에 들어와 내 몸에 활력을 주는 것을 자각하면서 숨을 쉰다. 탈현대인은 숨쉬기에서 기쁨과 감사를 발견한다. 감옥에 갇혀 있거나 긴 시간 밀폐된 공간에 머물러야 할 때, 탈현대인은 행복한 숨쉬기만으로도 만족스럽게 시간을 보낼 수 있다.

우리는 누구나 걷는다. 그러나 현대인은 걸음의 경이로움에 잠들어 있다. 대다수 현대인은 시간에 쫓겨서 또는 무료하게 걸음을 걸을 뿐이다. 탈현대인은 걸으면서, 걸음의 경이로움에 깨어 있다. 그는 행복한 마음으로 걷는다.

양치질, 수면, 설거지, 밥 짓기, 청소, 텃밭 가꾸기, 아내의 현존, 이웃과 나누는 인사 등 일상생활의 모든 활동에 숨쉬기나 걷기와 똑같은 것이 적용될 수 있다. 일상의 모든 것은 잠에서 깨어나 찬란한 의미의 광채를 번쩍인다. 이것이 바로 우리 자신 안의 커다란 보물창고[身]이다. 그러므로 이 멋진 보물창고를 떠나서, 자기 바깥에서 보물을 찾는 일은 탈현대인에게는 생경스럽게 느껴진다.

현대인에게 현재는 언제나 결핍되어 있고, 사람들의 마음은 불평과 불만으로 가득 차 있다. 그러나 탈현대 사회에서 사람들은 매사에 감사하며[知足], 지금 이 순간 속에 깊이 머문다[知止]. 그래서 탈현대인은 지속적인 평화와 삶의 기쁨을 누린다[長久].

인의仁義의 사회와 대도大道의 사회
-大道 廢 有仁義

"대도가 무너져 인의가 생겨나고, 지혜가 생기니 큰 거짓이 있게
되었다[大道 廢 有仁義 慧智 出 有大僞]."   『노자』 18장

이 구절은 에고에 기반을 둔 문명 비판에 적용할 수 있다. 현대 사회
는 도덕[仁義]마저 붕괴된 사회라는 점에서 대도의 무너짐이 더 극심
한 사회이다.

문명 이전의 자연은 대도大道 그 자체였다. 대도의 측면에서 보자면,
문명의 발생 자체가 대도로부터의 소외라고 볼 수 있다. 그래서 문명이
발생하면서 대도는 무너졌고[大道 廢], 현대 문명에 이르러 그 무너짐
이 심화된 것이다.

그렇다면 문명의 발생은 과연 퇴보일까? 노자는 문명 이전의 자연
상태로 회귀를 바란 것일까? 그렇지 않다. 자연으로의 회귀는 불가능
하며, 만일 문자 그대로 이를 추구한다면 엄청난 재앙을 낳게 될 것이
다. 그러면 노자가 진정 희구했던 것은 무엇일까? 자연 상태로서의 대
도로 돌아가는 것이 아니라, '현재의 문명소외 이후의 대도로 나아가
는 것', '대도와 합일을 이룬 탈현대 문명으로 나아가는 것', 이것이 바
로 노자의 진정한 꿈이었다.

문명의 발생과 욕망의 분출은 그 궤를 같이한다. 자연 상태에서는 자연적인 욕구만이 존재했다. 자연적인 욕구는 도_道와 하나여서, 적정한 선에서의 만족[知足]과 멈춤[知止]이 있다. 배가 부른 호랑이는 사냥감이 눈앞에 지나가도 사냥을 하지 않는다. 그러나 문명 발생 이후 분출된 욕망은 '무한을 추구'한다. 거기에는 적정선에서의 만족과 멈춤이 없다. 무한한 욕망의 추구는 사회 혼란과 갈등의 원인이 되므로, 욕망을 적정선에서 제어하기 위한 장치가 필요했다. 이런 필요에서 생겨난 것이 인의_{仁義}이다[大道 廢 有仁義].

여기서 인의란 윤리와 도덕을 포함한 사회규범을 가리키는 것이다. 사회규범은 사회화과정을 통해 내면화되는데, 프로이트는 이를 초자아 superego라고 칭했다. 초자아는 분출하려는 욕망을 통제함으로써, 인간의 규범동조적인 행위를 가능케 하고, 이를 통해서 사회질서가 유지되는 것이다.

그러나 이런 사회질서 유지 장치는 결함이 많다. 근본적인 결함은 초자아에 근거한 도덕적인 행위는 내면에서 샘솟는 선의와 달리 부작용이 있다는 점이다. 그래서 양심이 너무 비대해진 사람은 정신병의 위험이 크다. 실질적인 결함은 윤리와 도덕을 포함한 사회규범에 의해 지탱되던 사회질서가 와해되기 쉽고, 실제로 현대 사회에 접어들어 사회질서의 붕괴가 일어나고 있다는 점이다.

뒤르케임은 현대 사회에서 발생하는 이런 규범적 사회질서의 붕괴를 아노미[사회적 무규범상태]라고 명명했다. 유기적 연대가 현저히 약화된 현대 사회에 이르러 '무한한 욕망의 추구'는 정점에 도달했다. 인의_{仁義}는 더 이상 욕망을 통제하는 적절한 장치가 되지 못하고 있다. 이에 따라서 범죄, 반인륜적 행위, 규범의 혼란 등을 포함한 사회무질서의 문제가 우리를 고통스럽게 하고 있다[六親不和, 國家昏亂].

어떻게 할 것인가? 현대 사회가 직면한 사회무질서 문제를 해결할 수 있는 길은 하나이다. 대도를 회복하는 것이다. 새로운 사회질서의 근원은 '참나'의 각성과 활동이다. '참나'를 각성한 사람에게서는 선의와 사랑이 마음 깊은 곳에서 샘물처럼 솟아나온다. 현재의 무질서는 대도를 회복할 것을 촉구하는 종소리와 같다.

탈현대 사회는 다시 대도大道와 합쳐지는 사회이다. 탈현대 사회에서 욕망은 더 이상 우리의 주인이 아니라 우릴 찾아온 손님이다. 새로운 주인인 '참나'는 영속적인 평화와 사랑의 사회를 만들어갈 것이다.

도를 소중히 여기는 탈현대 사회
-道者 萬物之娛

"도라고 하는 것은 만물의 가장 깊숙한 아랫목이니 착한 사람의
보물이요 착하지 못한 사람도 간직하고 있는 것이다[道者 萬物
之娛 善人之寶 不善人之所保]."   『노자』 62장

도를 가장 소중히 여기는 사회, 이것이 바로 탈현대 사회의 모습이
다. 그러나 현대 사회에서 도는 소중히 여겨지지 않는다. 그렇다면 현
대 사회에서 소중히 여겨지는 것은 무엇일까? '돈이 많으냐 적으냐' 하
는 것이 아마 현대 자본주의사회에서 가장 중대하게 여겨지는 것일 것
이다. '민주적이냐 비민주적이냐 또는 합리적이냐 비합리적이냐' 하는
것도 합리성을 중시하는 현대 사회에서 중시되는 것 중 하나이다. 외모
지상주의가 팽배해 있는 현대 사회에선 '예쁘게 생겼느냐 못났느냐' 하
는 것도 중시되는 것 중 하나이다. '다른 사람들에게 인기가 있느냐 없
느냐' 하는 것도 중요하다. '직업이 있느냐 없느냐 얼마나 좋은 직업을
가졌느냐' 하는 것도 중요하고, '일류대학을 나왔느냐 못 나왔느냐' 하
는 것도 중시된다.

그러므로 탈현대적인 관점에서 보자면, 현대 사회는 전면적으로 소
외된 사회이며, 현대적인 삶은 전면적으로 소외된 삶이다. 돈의 유무나

합리성의 유무 등으로 특정 개인이나 사회를 평가한다는 것은 너무도 심한 인간에 대한 비하가 내재되어 있기 때문이다. 외모로 상대를 평가한다는 것은 강아지나 고양이를 고를 때조차도 부당한 일이다. 왜냐하면 강아지나 고양이는 자신의 외모를 훨씬 넘어서 있는 존재이기 때문이다. 하물며, 배우자를 고를 때나 회사에서 신입사원을 채용할 때 외모를 기준으로 삼는다는 것은 인간에 대한 심한 모독이 내재해 있는 것이다.

어떻게 인기 유무로, 직업 유무로, 일류대학 출신이냐 아니냐를 근거로 인간을 평가하는 것일까? 그 답은 현대 사회가 도를 소중히 여기지 않는 사회이기 때문인 것이다. 그 답은 현대 사회에서는 인간을 부, 합리성, 외모, 인기, 일류대 유무로 그 가치가 판명될 만큼 하찮은 존재로 보기 때문이라는 것이다.

그러나 탈현대 사회에서는 이따위 것들을 소중히 여기지 않으며, 이런 하찮은 것으로 인간이나 사회를 재단하는 일은 더더군다나 있을 수 없는 일이다. 탈현대 사회에서는 무엇을 소중히 여기는가? 도道를 소중히 여긴다. 노자는 "그러므로 도가 천하에서 가장 귀한 것이 된다 [故(道)爲天下貴]"라고 말했다. 그렇다면 도를 소중히 여기는 사회는 어떤 사회인가? 이 질문에 대한 답을 위해서는 '도란 무엇인가'에 대해 먼저 대답해야 할 것이다.

도란 무엇인가? 도는 없는 곳이 없다. 인간을 포함해서 모든 존재는 도를 품고 있다. 그러므로 도를 소중히 여긴다는 것은 인간을 포함해서 모든 존재를 더없이 귀하게 여기는 것을 의미한다. 그렇다면 탈현대 사회에서 인간과 사회에 대한 평가의 준거는 무엇인가? 인간은 도를 품고 있는 존재라는 점에서 다른 모든 존재와 같다. 인간과 여타 존재의 차이는 무엇인가? 그것은 '도를 자각하고 실현할 수 있는가'의 여부이다. 인간 이외의 생명체나 무생물은 도를 품고는 있지만 주체적으로 도를 자각하고 실현할 수는 없다. 반면에 인간은 도를 품고도 있지만 주체적으로 도를 자각하고 실현할 수 있다.

그렇다면 도를 소중히 여기는 탈현대 사회에서 인간과 사회를 평가하는 기준은 분명하다. '얼마나 도를 자각하고 실현한 사람인가?' 하는 정도가 '그 사람이 얼마나 인간다움을 실현했는가?' 하는 질문에 대한 대답이 된다. 구체적으로 말한다면, '사랑의 능력이 얼마나 큰가?', '얼마나 잘 용서할 수 있는가?', '얼마나 깊이 이해할 수 있는가?', '얼마나 겸손할 수 있는가?' 하는 것들이 그 사람이 얼마나 인간다운 사람인가를 판명하는 잣대가 된다.

사회에 대한 판명 역시 마찬가지이다. '얼마나 도가 행해지는 사회인가?' 하는 것이 특정 사회를 판명하는 기준이 된다. '사람들 간에 얼마나 사랑으로 결합하고 있는가?', '상대편의 잘못에 대해 얼마나 관용할 수 있는 사회인가?', '얼마나 깊은 이해가 행해지고 있는 사회인가?', '사회구성원들이 얼마나 겸손한 사회인가?' 하는 것 등이 특정 사회의 수준을 평가하는 잣대가 된다.

성스러운 설거지

-深不可識

"머뭇거리기는 겨울 냇물을 건너는 것 같고, 주춤거리기는 사방 이웃을 두려워하는 것 같으며, 의젓하기는 나그네 같고, 나긋나 긋하기는 얼음이 막 녹으려는 것 같다. 두텁구나! 그 모습 통나 무 같고, 너그럽구나! 그 모습 골짜기 같으며, 흐릿하구나! 그 모 습 흙탕물 같다.[豫若冬涉川 猶若畏四隣 儼若客 渙若氷將釋 敦兮 其若樸 曠兮 其若谷 混兮 其若濁]"

『노자』 15장

이것은 노자가 그려본 도인의 모습이며, 또한 탈현대인의 모습이다. 노자가 생각하는 도인의 모습은 우리의 생각과는 거리가 먼 것 같다. 현대의 눈으로 보자면, 노자가 생각하는 도인의 모습은 어리바리하고 어딘가 좀 모자란 듯한 모습을 띠고 있다.

종교사회학에는 세속화이론이라는 것이 있다. 종교 영역은 원래 성聖 스러운 것이었는데, 사회가 속俗화되면서 종교 영역마저도 속의 영역으 로 변화하게 된다는 것이다. 결국 현대 사회에는 성스러운 것이 사라져 버렸다. 헝가리 철학자인 G. 루카치György Lukács가 말했듯이 현대 자본 주의사회에서는 인간적인 삶의 영역마저도 물화物化, reification되어 버렸 다. 우리가 살아가는 집도 하나의 상품이 되어버렸고, 나와 너의 존재도, 우리의 관계도 상품 형식 속에 편입되어버렸다.

한 인간을 평가할 때, 우리는 상품을 평가하듯이 요모조모를 뜯어본다. 성격, 외모, 업무 능력, 대인 관계, 소유와 소비 등…. 그리고 가격을 매기듯 점수를 매긴다. 실제로 '내 몸값이 얼마야' 하는 말을 노예시장이 아닌 현대 사회의 한가운데서 듣는다. 우리는 아무 부끄럼 없이 이런 표현을 사용하곤 한다.

관계의 영역에서도 소외가 심각하다. 교환이론가들은 교환의 영역이 아닌 가족관계마저도 설득력 있는 설명을 제시한다. 이들의 설명이 가족관계에서조차 설득력을 갖는 것은 부부 간에도, 부모와 자녀 사이에도 이해관계를 따지는 일이 빈번해졌기 때문이다. 가족 외의 다른 관계에서는 말할 것도 없다. 사회관계에서 갈등 역시 증가하고 있다. 서로 간에 용서나 관용 같은 것은 찾아보기 힘들다.

탈현대 사회는 어떨까? 현대 사회와 정반대로 탈현대 사회에서는 모든 것이 성스럽다. 노자의 묘사에서 보듯이, 도인[탈현대인]의 외양에는 어떤 비범함도 없다[豫, 猶, 儼, 渙, 敦, 曠, 混]. 하지만 그가 하는 모든 일에는 깊이가 있다[微妙玄通 深不可識]. 걷는 일과 숨 쉬는 일과 같은 평범한 모습조차도 성스럽다. 그 행동이 지금 이 순간과 깊이 맞닿아 있기 때문이다.

프랑스 보르도 지역에 위치한 자두마을Plum Village에서는 식사가 끝나면 모든 사람이 자신이 사용한 식기를 씻는다. 틱낫한 스님도 자신이 사용한 식기를 씻는다. 현대인에게 있어 설거지는 거쳐 지나가는 하나의 수단적인 활동에 지나지 않는다. 많은 경우 귀찮고 하찮은 일거리에 불과하다. 그래서 현대인은 설거지를 '해치울' 때가 많다. 설거지를 하는 동안 그의 마음은 거기에 없다.

반면에 탈현대인인 틱낫한 스님에게 설거지는 거기가 바로 도달해야 할 목적지이다. 그는 온 마음을 기울여 천천히 그릇을 씻는다[敦兮 其若樸]. 설거지를 하는 동안 그는 바로 설거지이다. 설거지를 하면서, 그릇이 깨끗하게 씻겨 가는 것을 보면서 그는 행복을 느낀다. 그의 설거지에는 깊이가 있고, 그의 설거지는 성스러운 활동이 된다.

탈현대인에겐 오래된 부부관계도 성스러운 것이다. 매일 아침, 잠에서 깨어나 그는 아내와 긴 포옹을 한다. 아내의 존재를 깊이 느낀다. 아내의 눈을 깊이 들여다보면서 그의 눈은 이렇게 말한다. '사랑해.' 밥을 먹을 때도 아내와 함께하니 즐겁고, 장을 보는 것도 아내와 함께하니 행복하다.

목적지에 이미 도착한 사회
-無厭其所生

"자신이 머무는 곳을 좁다 여기지 않으며, 자신이 사는 곳을 싫
어하지 않는다[無狹其所居 無厭其所生]."   『노자』 72장

탈현대 사회는 어떤 사회일까? 이 질문에 대한 한 가지 대답은 이것
이다. 자신이 지금 머무는 곳, 자신이 지금 사는 곳에 만족하면서, '지
금 여기'를 살아가는 사회가 바로 탈현대 사회이다.

현대인이 잘할 수 없는 것은 자신이 머물고 있는 현재에 만족하고
감사하는 것이다. 흔히 현대인은 자신이 지금 머무는 곳을 좁다 여기
며, 자신이 사는 곳을 싫어한다. 현재에 대한 불평과 불만은 현대적인
삶의 추동력이 된다. 그래서 언제나 '지금보다 나은 미래에 대한 추구',
이것이 현대적인 삶의 주제가 된다.

많은 경우 현대인은 '지금보다 나은 미래'에 도착하는 것에 실패한
다. 또한 소수의 사람들이 '지금보다 나은 미래'에 도착하지만, 그들은
거기에서 만족을 찾지 못한다. 그들은 도착한 즉시, '도착한 현재보다
나은 미래'를 추구하며, 도착한 현재의 지점은 보다 나은 미래를 향해
나아가야 할 결핍으로 가득한 곳이 된다.

'지금보다 나은 미래'에 대한 추구의 결과는 성공한 사람과 실패한

사람으로 나누어진다. 그러나 어떤 경우이건 '지금보다 나은 미래에 대한 추구'가 마침내 도달하는 곳은 대파국이다[大威至]. 늙음과 죽음이 그들을 엄습할 때, 그들은 자신이 성취한 모든 것을 반납하고, 점점 영zero에 수렴하게 되며, 마침내 영으로 회귀한다.

유일한 차이점은 높이 솟아올랐던 파도일수록 떨어져야만 하는 낙폭이 더 커질 따름이라는 점이다. 『구약성서』「창세기」 제11장 1-9절에는 다음과 같은 이야기가 실려 있다. 당시 온 세상 사람들은 같은 말을 사용하고 있었다. 사람들은 말했다. "자, 벽돌을 빚어 단단히 구워내자. 그리고 꼭대기가 하늘까지 닿는 탑을 세워 이름을 날리자." 하늘에 닿으려는 이들의 오만함에 분노한 여호와 하느님은 탑을 무너뜨리고, 사람들의 말을 뒤섞어 놓으시고, 사람들을 온 땅으로 흩어버리셨다. 현대적인 삶의 추구란 바벨탑을 쌓아 하늘에 도달하려 했던 사람들처럼 불가능한 시도이며, 마침내 파멸에 직면하게 된다.

탈현대인의 삶은 이와 정반대이다. 탈현대인은 '지금보다 나은 미래를 추구'하는 수평적인 삶이 아니라, '지금 여기'에 깊이 머무는 수직적인 삶을 살아간다. 틱낫한 스님의 말씀처럼 "우리는 이미 집에 도착해 있다We have already arrived at home." 삶의 매순간, 우리가 머물러 있는 곳이 바로 우리의 목적지인 것이다. '신호를 기다리며 정차해 있는 순간', '강의실을 향해 걸어가는 순간', '아내가 차려준 맛난 음식을 먹는 순간' 등 모든 순간이 우리의 목적지이다. 그리고 탈현대인은 바로 거기에서 영원한 시간과 무한한 공간과의 깊은 만남을 이룬다.

탈현대인에게는 '지금 여기'에서 벗어나야 할 공간과 시간은 존재하지 않는다[不厭]. 또한 그는 자신이 머무는 모든 순간과 하나가 되어 이를 향유하지만, 어떤 순간에도 집착하지 않는다[自愛不自貴]. 그가 머무는 어떤 공간 어떤 시간도 의미로 넘쳐난다. 그의 마음속에는 감사함이 가득하다.

자연의 이치에 순응하는 문명
-勇於敢則殺

"억지로 하는데 용감하면 죽고, 억지로 하지 않는데 용감하면
산다[勇於敢則殺 勇於不敢則活]."

『노자』 73장

　현대 사회는 억지로 하는데, 용감한 사회이고, 탈현대 사회는 억지로
하지 않는데 용감한 사회이다. '억지로 한다'는 것은 도를 거슬러가며
무엇을 도모하는 것을 말한다. 도를 거슬러가며 무언가를 도모하는 현
대 사회와 도에 순응하는 탈현대 사회, 각각의 운명이 어떻게 될 것인
지는 자명하다.

　현대인은 자연의 이치를 거슬러[敢] 무엇인가를 이루고자 한다[勇].
그 결과는 참담한 것이다[殺]. 훗날 하夏나라의 초대 임금이 된 대우
大禹의 아버지 곤鯤은 순舜임금을 모시며 치수를 담당했다. 그러나 9년
동안 실적이 없어 처형당했다. 그는 담을 쌓아 물의 범람을 막고자 노
력했다. 반면에 곤의 아들 대우는 아버지의 뒤를 이어 치수를 맡았는
데, 13년에 걸쳐 황하 유역을 돌아다니며 분골쇄신 노력을 기울여 훌
륭하게 임무를 완성했다. 그의 방법은 강의 바닥을 깊이 파서 물길이
흘러내리도록 하는 것이었다. 곤은 도를 거슬러서 무엇인가를 이루려
고 하다가 망했고, 대우는 자연의 이치에 따라 일을 도모함으로써 성

공을 거두었다.

젊은 시절 진취적인 것은 자연의 이치와 합치한다. 그러나 늙어서도 진취적인 것은 자연의 이치에 어긋나는 것[敢]이다. 늙어가면서 늙지 않으려 하거나, 죽어가면서 죽지 않으려 하는 것은 모두 여기에 해당한다. 늙어가면서 늙지 않으려 하면 늙지 않는 것이 아니라 고통스럽게 늙어가며, 죽어가면서 죽지 않으려 하면 죽지 않는 것이 아니라 고통스럽게 죽어갈 뿐이다.

문명의 차원에서도 동일한 원리가 적용된다. 현대 문명 초나 중기에 자연을 개발하고 생산을 증대하는 것은 문명의 발전에 기여하는 노력이었다. 이것은 인류를 빈곤으로부터 해방시키고, 물질적으로 안정되고 풍요한 사회라는 선물을 안겨주었다. 그러나 현대 문명 말에 더욱더 자연을 개발하고 생산을 증대하는 것은 자연의 이치에 어긋나는 것[敢]은 물론이고 문명 발전에도 역행하는 것이다. 현대 문명 말에 더욱더 자연을 개발하고 생산을 증대시키게 되면, 환경문제는 더 심화되고 이 세상은 어떤 생명체도 건강한 삶을 누릴 수 없는 지옥과 같은 곳으로 변모될 것이다[殺].

현대 문명이 현대인에게 오직 가르쳐주는 것은 '위로 올라가는 방법'이다. 현대 문명이 현대인에게 가르쳐주지 않는 것은 '아름답게 내려오는 방법'이다. 그래서 현대인은 아름답게 추락하지 못한다. 현대인은 추하고 고통스럽게 늙어가고 죽어가며, 현대 문명은 점점 더 고통스러운 곳으로 바뀌어가고 있다. '자연의 이치에 순응하라'는 노자의 말은 현대적인 삶과 문명의 자기반성과 놀라운 비약을 위해 중대한 메시지를 담고 있다.

탈현대 사회에서 사람들은 자연의 이치에 합치하는 삶을 살아간다. 올라갈 때는 올라가고, 내려올 때는 아름답게 내려온다. 탈현대 사회에서 늙음은 성숙의 과정이다. 나이 들어갈수록, 탈현대인은 삶을 더 깊이 이해하고, 더 깊이 사랑하며, 더 잘 용서하고, 더 겸손한 사람으로 성숙해간다. 그는 스스로 평화롭고 행복하며, 이 세상에 평화와 행복을 선물하는 멋진 삶을 살아간다.

8.

탈현대 사회상 3
-부쟁의 사회

탈현대 사회는 평화로운 사회이다. 탈현대 사회에서는 자아확장투쟁으로서의 삶이 중지된다. 탈현대인은 자아확장투쟁으로서의 삶을 살아가야 할 만큼 자신이 하찮은 존재가 아님을 알고 있기 때문이다. 탈현대 사회에서는 서로 해치려 하지 않으며, 모든 종류의 분쟁이 종식된다. 탈현대 사회에서는 이기는 것을 아름답게 여기지 않는다. 상대편을 이기는 것이 아니라 자신의 욕망을 이기는 것이 중시된다. 탈현대인은 스스로를 돌보며, 사랑한다. 탈현대 사회에서는 욕망이 추구되지 않으며, 욕심내지 않음을 욕심낸다.

자아확장투쟁을 중지한 사회
- 處無爲之事

"성인은 무위의 일에 처한다[聖人處無爲之事]."　　　　『노자』 2장

'무위의 일에 처함'이란 무엇을 의미하는가? 탈현대인[성인]은 선악미추의 분별심이 떨어져 나간 사람이며, 따라서 모든 추구가 중지된 무위지인[無爲之人]이다. 현대인은 이런 질문을 던질 수 있다. '모든 추구가 중지되었다면, 도대체 그는 무엇을 하며 살아가는가?' 탈현대인은 '지금 여기'에 깊이 머물며, 낙도樂道로서의 삶을 살아간다.

현대인은 아름다움[美]과 착함[善]을 좋은 것으로 간주하고, 추함[惡]과 착하지 않음[不善]을 나쁜 것으로 간주한다. 미추나 선악뿐만 아니라, 현대인에게는 모든 것에 '좋은 것'과 '나쁜 것'의 꼬리표가 붙는다. 이런 가운데 현대인은 나쁜 것을 극소화하고, 좋은 것을 극대화하기 위한 자아확장투쟁으로서의 삶을 살아간다.

실업을 벗어나 좋은 직업을 차지하려 하고, 추한 외모를 벗어나 미모를 추구하며, 가난을 벗어나 부유함을 추구한다. 자신이 추구하는 것을 차지하면 행복을 얻으리라는 맹신 속에서 살아가지만, 결국 현대인이 얻는 것은 고통과 불행일 따름이다.

왜 그런 것일까? 자아확장투쟁으로서의 삶은 근원적인 결핍감에서

비롯된 것이다. 그래서 현대적인 추구는 목표달성이 불가능한 추구이다. 현대인의 자아확장투쟁은 근원적인 무의미감과 무력감에서 비롯된 것이다. 그러므로 현대적인 추구는 모두 강박적인 성격을 갖고 있다. 모든 강박적인 추구에는 적정과 만족이 없다. 이것은 무한의 추구이며, 무한의 추구는 달성될 수 없다.

1인당 GNP가 100불인 나라는 1,000불을 추구하고, 1,000불인 나라는 10,000불을 추구하며, 10,000불인 나라는 100,000불을 추구한다. 아무도 현재의 상태에 만족하지 못한다. 외모에 대한 추구, 인기에 대한 추구, 학력에 대한 추구, 명예에 대한 추구 등 모든 현대적인 추구에는 동일한 원리가 작용한다.

더군다나 자아확장투쟁에는 오르막길만 있는 것이 아니라 긴 내리막길이 있고, 마침내 죽음이 다가왔을 땐 그때까지 쌓아놓은 모든 것을 반납해야 한다. 그래서 현대인은 자아확장투쟁의 과정에서 고통스럽고, 자아확장투쟁에서의 실패와 좌절로 인해 고통을 겪으며, 승리자는 하강에 대한 불안을 겪고, 마침내 추락과 파산의 고통을 겪어야만 한다.

그래서 행복을 얻기 위해 시작한 자아확장투쟁으로서의 삶은 모두의 불행으로 끝을 맺는다. 자아확장투쟁으로서의 삶을 살아가는 현대인이 불행할 수밖에 없고, 이런 현대인으로 구성된 현대 사회가 고통스러운 사회일 수밖에 없는 이유가 바로 이것이다.

탈현대 사회에서는 자아확장투쟁으로서의 삶이 종식된다[處無爲之事]. 탈현대인은 현대인이 추구했던 것이 하찮은 것임을 알며, 자신은 이미 그보다 훨씬 높은 곳에 도달해 있음을 자각하고 있기 때문이다. 그래서 탈현대 사회에서 사람들은 그런 어리석은 추구로 삶을 낭비하지 않는다.

자아확장투쟁을 멈춘 탈현대인은 삶에서 무엇을 추구하는가? 추구의 방향이 외적인 것에서 내적인 것으로 뒤바뀐다. 그들이 궁극적으로 추구하는 것은 '참나'가 되는 것이다. 이것은 완성될 수 없는 목표이며, 죽음에 이를 때까지 추구는 계속된다. 목표 지점에 가까워진 만큼 탈현대인에게는 사랑할 수 있는 능력, 용서할 수 있는 능력, 겸손할 수 있는 능력 등이 증가한다. 탈현대인은 좋은 것과 나쁜 것의 대립을 넘어, 무엇에도 얽매이지 않으면서 진부한 일상 속에서도 경이로움과 기쁨, 감사를 느끼는 삶을 살아간다.

불해_{不害}와 부쟁_{不爭}의 사회
-利而不害 爲而不爭

"하늘의 도는 이로움을 주되 해를 끼치지 않고, 성인의 도는 하
되 다투지 않는다[天之道 利而不害 聖人之道 爲而不爭]."

『노자』81장

탈현대 사회는 바로 이런 하늘의 도와 성인의 도가 일상적인 삶의
영역에서 실현되는 사회이다. 현대 사회는 이와 반대이다. 현대인은 자
신의 사사로운 이익을 추구한다. 그런데 나의 이익과 너의 이익이 반목
한다고 생각한다. 그래서 자신의 이익을 취하기 위해 상대편에게 해를
끼치고 서로 다툼을 일삼는다. 그래서 현대 사회는 점점 더 고통스러
운 곳으로 변모하고 있다.

현대인은 왜 사사로운 이익을 추구하는 것일까? 현대 사회에서는 이
익의 추구가 너무도 당연시되고 있어서, 이것에 의문을 제기하는 것 자
체가 이상스럽게 여겨질 정도이다. 그러나 탈현대인의 눈으로 보자면,
이익의 추구란 이상한 것이고, 이익을 추구하는 삶이란 소외된 삶이다.

『맹자_{孟子}』「양혜왕장구상_{梁惠王章句上}」에는 다음과 같은 구절이 있다.
맹자가 양혜왕_{梁惠王}을 만났을 때, 왕은 맹자에게 이렇게 물었다. "공께
서 천 리 길도 멀다 하지 않고 이렇게 멀리 오셨으니, 우리나라에 어

떤 이로움을 주려 하시는 것입니까?" 그러자 맹자가 정색을 하면서 말했다. "왕께서는 왜 하필 이利를 말씀하십니까? 오직 인의仁義가 있을 뿐입니다." 맹자의 양혜왕에 대한 힐난은 현대인에게도 그대로 적용될 수 있다. 우리는 이렇게 힐난한다. '현대인은 인仁이 아니라 하필 이利를 추구한단 말인가!'

다시 본래 질문으로 돌아가자. 현대인은 왜 이익을 추구할까? 그것은 이익의 추구와 달성이 자신의 삶의 질을 높여주리라는 기대 때문일 것이다. 이때 '삶의 질이 높아지는 나'는 누구일까? 물론 에고이다. 현대인은 '에고가 나'라고 생각하며, '에고가 주체'가 된 삶을 살아간다. 공자가 말하는 소인小人은 에고가 주체가 되어 삶을 살아가는 사람이다. 그래서 공자는 "소인은 이利에 밝다"라고 말한 것이다. 현대인은 소인이다. 그러므로 이利를 밝히고 이利를 추구하는 것이다.

이利를 추구하면 어떤 결과가 발생할까? 굳이 '만인의 만인에 대한 투쟁'을 언급하지 않더라도, 나의 이익과 너의 이익은 충돌한다. 그러므로 나의 이익을 실현하기 위해서는 너를 해쳐야만 하고, 나와 네가 동시에 자신의 이익을 추구할 때 필연적으로 다툼이 확산된다. 이것이 바로 현대 사회의 자화상인 것이다.

이에 반해서, 탈현대 사회는 하늘의 도와 성인의 도가 행해지는 사회이다. 탈현대 사회에서 이익[利]이란 무엇일까? 탈현대인은 '참나'가 자기 삶의 주체이다. '참나'로서의 나에게 이익[利]이란 무엇일까? 『주역』에서는 원형이정元亨利貞을 말하는데, 이때 이利가 탈현대 사회에서의 이익이다. 원형이정이라고 말할 때, 이利란 무엇인가? 이利란 문자 그대로 벼[禾]에 낫[刀]을 대어 추수를 해서, 배고픈 사람들의 배를 채워주는 것이다. 다시 말하자면, 성숙한 사람[무르익은 벼, 성인, 탈현대인]이 도움을 필요로 하는 사람들에게 도움을 베푸는 것이 이利이며, 이것이 탈현대 사회에서 이익의 의미이다.

탈현대 사회에서 너의 이익이 나에게도 이익이 되며 너와 나의 이익은 서로를 이루어준다. 그러므로 탈현대 사회는 '이롭게 하되 해를 끼치지 않고[天之道 利而不害]', '서로 다툼이 없는[聖人之道 爲而不爭] 새로운 사회인 것이다.

탈현대 사회는 사랑의 사회이며, 탈현대인은 사랑의 존재가 된 사람이다. 사랑은 쌓아두지 않고 상대편을 위하며 그럴수록 더 쌓이게 된다[不積 旣以爲人 己愈有]. 사랑은 아낌없이 상대편에게 내어주며 그럴수록 자신은 더 풍부하게 된다[旣以與人 己愈多]. 나에게서 흘러나간 사랑이 너의 상처를 치유하고 기쁨을 주며, 너의 치유와 기쁨이 나에겐 행복이 된다.

이기는 것을
아름답게 여기지 않는 사회
-勝而不美

"이기는 것을 아름답게 여기지 않는다[勝而不美]."　　　『노자』 31장

이 구절은 승리를 추구하는 현대 문명과 극명하게 대조되는 탈현대 문명의 모습을 잘 보여준다.

우린 2010년 밴쿠버 동계올림픽에서 금메달을 따고 감격의 눈물을 흘리던 김연아 선수를 기억한다. 그리고 그날 국민들이 느꼈던 환희를 기억한다. 또한 2014년 소치 동계올림픽에서 은메달을 따고 회한의 눈물을 흘리던 김연아 선수를 기억한다. 그리고 그날 국민들이 느꼈던 박탈감을 기억한다.

무엇이 우리를 환호하게 하고, 또 침통하게 만드는 것일까? 왜 우리는 이토록 승리를 갈구하는 것일까? 승리는 왜 우리에게 큰 쾌감을 주는 것일까? 승리가 주는 쾌감의 크기는 경쟁심의 크기와 정비례한다. 승패에 따라 울고 웃는 것은 현대인들에게 경쟁심이 크기 때문이다.

현대인에겐 경쟁심이 크다. '지고는 못 산다'고 많은 사람들은 생각한다. 학업에서도 친구들과 경쟁하고, 출근길에도 다른 차들과 경쟁하며, 심지어 TV 가요 프로그램마저도 〈불후의 명곡〉이나 〈나는 가수다〉와 같이 경쟁이 있어야 시청률이 높아진다.

현대인에겐 왜 경쟁심이 큰 것일까? 생존경쟁이 진화의 원동력이 된다는 진화론의 경쟁관이 현대 사회에 광범위하게 유포되어 있는 것이 근본적인 이유인 것 같다. 현대 자본주의사회는 경쟁을 발전의 원동력으로 보고, 경쟁의 강화를 통해 사회발전을 이루려고 한다. 이런 사회적인 분위기 속에서 현대인은 성장과정을 통해 강한 경쟁심을 학습하게 된다. 경쟁심이 비대화된 사람은 이기는 것을 통해서만 만족을 느낄 수 있게 된다.

그런데 노자는 "이기는 것을 아름답게 여기지 않는다[勝而不美]"라고 말한다. 어떻게 그럴 수 있는 것일까? 이기고 지는 것이 의미를 가질 수 있는 것은 오직 파도[에고]의 세계에서뿐이다. 바다[참나]의 세계에서는 이기고 지는 것이 의미를 갖지 않으며, 아예 이기고 지는 것 자체가 성립하지 않는다.

그러므로 도의 관점에서 보면, 이기고 지는 것에 커다란 의미를 두는 것 자체가 소외된 것이다. 또한 경쟁이나 승부는 그 과정에서 소중한 삶의 에너지의 낭비를 내포할 뿐 아니라 관계 악화의 원인이 된다. 그래서 노자는 "이기는 것을 아름답게 여기지 않는다"라고 말한 것이다.

탈현대 사회는 모든 사람들이 바다[참나]의 삶을 살아가는 사회이다. 탈현대 사회에서 사람들은 상대편을 경쟁의 대상으로 보지 않으며, 볼 수도 없다. 당연히 탈현대 사회에는 경쟁이 없다.

탈현대 사회에서 정치지도자의 선출은 경선과정을 거치지 않는다. 사람들은 덕이 많은 분에게 직을 맡아줄 것을 간절히 청하고, 그는 세상을 위해 번거로운 수고를 떠맡을 뿐이다.

거리의 자동차들도 더 빨리 가기 위해 경쟁하지 않는다. 상대편 차를 배려하고, 이해하며, 혹 상대편 차가 결례를 범하더라도 용서하면서, 평화롭고 행복하게 운전한다.

탈현대 사회에는 승부를 겨루는 운동은 존재하지 않으며, 프로 스포츠와 같이 소외된 운동은 더군다나 존재하지 않는다. 산책, 태극권, 단전호흡과 같이 심신을 동시에 수련하는 운동을 탈현대인은 즐긴다.

더 좋은 학교에 입학하기 위한 경쟁도, 더 좋은 성적을 얻기 위한 경쟁도, 더 좋은 회사에 취직하기 위한 경쟁도, 더 빠른 승진을 위한 경쟁도, 더 많은 돈을 벌기 위한 경쟁도, 더 멋진 외모를 갖기 위한 경쟁도, 더 큰 인기를 얻기 위한 경쟁도, 탈현대 사회에서는 모두 존재하지 않는다. 탈현대인들은 이기는 것에서 아무런 쾌락을 느끼지 않으며, 지는 것에서 아무런 고통을 느끼지 않는다. 더군다나 승리를 위해 삶을 모두 쏟아붓는 것은 상상할 수조차 없다.

스스로를 이기는 사람들의 사회
-自勝者 强

"상대편을 이기는 사람은 힘이 있고 스스로를 이기는 사람은 강
하다[勝人者 有力 自勝者 强]." 『노자』 33장

현대 사회는 상대편을 이기고자 하는 사람들의 사회이며, 탈현대 사
회는 스스로를 이기는 사람들의 사회이다.

현대인은 상대편과의 경쟁이나 갈등에서 승리[勝人]를 추구한다. 월
드컵 축구를 보건 올림픽 경기를 보건, 현대인에게 승리는 무척 소중
한 것임을 쉽게 확인할 수 있다. 현대 사회에서 승리에 대한 추구는 개
인과 개인, 집단과 집단, 국가와 국가 등 행위 주체를 가리지 않고 광범
위하게 이루어지고 있다.

이렇듯 현대 사회에서 상대편에 대한 승리가 맹렬하게 추구되는 근
본적인 이유는 무엇일까? 그것은 현대인 일반이 갖고 있는 존재론적인
무력감이다. 현대 인간관은 인간을 세계로부터 분리·고립된 개체로 간
주한다. 그래서 세계는 나를 떡 주무르듯이 주무르면서 내 운명을 희
롱할 수 있지만, 나는 세계에 아무런 영향도 미칠 수 없다. 그에 따라
현대 인간관의 영향 아래 있는 현대인은 무력감을 갖게 된다. 현대 사
회에서는 다양한 형태의 힘에 대한 추구가 관찰되는데, 이는 바로 현대

인이 직면하고 있는 존재론적인 무력감에서 벗어나고자 하는 시도인 것이다.

그러므로 역사적인 요인으로 인해 무력감을 더 심하게 경험하고 있는 집단일수록, 힘에 대한 추구가 더 강해지게 된다. 나치 독일의 유대인 학살이 집단 무력감에 사로잡혀 있던 1930년대 독일인들이 무력감에서 벗어나기 위한 몸부림의 결과였음을 E. 프롬Erich Fromm은 『자유로부터의 도피』에서 잘 설명하고 있다.

군국주의 일본의 난징 대학살, 이스라엘의 팔레스타인 공격이나 최근 IS의 세력 확대 등도 모두 동일한 방식으로 설명이 가능하다. 고통스러운 현대사의 영향으로 강한 집단 무력감을 갖게 된 한국과 중국사회에서는 다양한 형태의 힘에 대한 추구가 관찰되는데, 이 역시 동일한 원인에 바탕을 두고 있는 것으로 해석할 수 있다. 해외 조기유학이나 명품에 대한 집착 등은 그 예이다.

힘에 대한 추구의 결과, 힘이 있는 자만이 승리[勝人]를 거둘 수 있다. 그래서 노자는 승리를 거둔 자를 유력有力이라고 했다. 그러나 이런 현대적인 유력의 밑바탕을 이루는 것은 무력감이다. 그러므로 유력이란 진정한 힘이 아닐 뿐만 아니라 본질적으로 보면 무력無力인 것이다. 또한 힘에 대한 추구는 승자나 패자 모두에게 커다란 상처와 고통을 안긴다.

그렇다면 진정한 힘이란 무엇일까? 진정한 힘이란 상대편을 이기는 것[勝人]이 아니라 스스로를 이기는 것[自勝]을 뜻한다. 그리고 노자는 스스로를 이기는 사람이야말로 강强하다고 말했다. 여기서 강함이란 진정한 힘을 의미한다.

'스스로를 이긴다는 것[自勝]'은 무엇일까? 그것은 나(에고)의 마음속에 솟구치는 감정이나 욕망을 이기는 것이다. 내 마음속에 증오심이 솟구칠 때, 증오심을 사랑과 연민의 마음으로 바꿀 수 있는 능력이 바로 진정한 힘이며, 나를 이기는 것이다. 복수심을 용서로 바꾸는 것, 많이 가진 자 앞에서 움츠러드는 자신을 높이 세우는 것, 가진 것 없는 사람 앞에서 오만해 지는 마음을 물리치는 것 등도 모두 '스스로를 이긴다는 것'의 의미이다.

　스스로를 이길 수 있게 되었을 때, 그 결과는 찬란한 것이다. 우리는 평화와 행복을 얻을 수 있으며, 또한 상대편에게 평화와 행복을 선물할 수 있게 된다. 현대 사회가 승인勝人을 추구하는 사회라면, 탈현대 사회는 자승자自勝者들로 구성된 사회이다. 그래서 탈현대 사회는 지속적인 평화와 사랑이 향유되는 사회이다.

스스로를 돌보는 사회
-方而不割

"스스로 반듯하되 남을 재단하지 않고, 스스로 깨끗하되 남을
깎아내리지 않으며, 스스로 곧되 뻗대지 않고, 스스로 빛이 있되
빛을 내지 않는다[方而不割 廉而不劌 直而不肆 光而不耀]."

『노자』 58장

한마디로 요약한다면, 이 구절은 자신을 돌보며 상대편을 돌보려고
하지 않는 사회, 탈현대 사회상을 묘사하고 있는 것이다.

틱낫한 스님의 『평화로움』에는 이런 구절이 나온다. 곡예를 팔아 먹
고사는 부녀가 있었다. 위험이 따르는 일이라, 어느 날 아버지가 이렇
게 말했다. "나는 널 잘 돌봐주고, 너는 날 잘 돌봐주면, 우린 안전할
수 있을 거야." 이 말을 듣고 지혜로운 딸이 이렇게 말했다. "아버지는
아버지를 잘 돌보시고, 저는 저를 잘 돌보면, 우린 안전할 수 있을 거예
요." 누구의 말이 맞을까? 물론 딸의 말이다. 탈현대 사회는 딸의 말처
럼 자기 스스로를 돌보는 사회이다.

이에 반해서, 현대 사회에서는 곡예사 아버지처럼 상대편을 돌보려
고 한다. 현대인의 시선은 늘 상대편을 향해 있다. 현대 사회의 사회발
전 전략은 '너의 잘못'을 고쳐서, 올바른 사회에 도달하는 것이다. '너

에게는 어떤 결함이 있는가?', '세상을 바로잡으려면 너를 어떻게 뜯어고쳐야 할 것인가?', 이런 질문들이 사회학자들이 좋은 세상 만들기를 위해 제기하는 주된 질문들이다.

이런 방식으로 현대는 전현대 사회가 갖고 있던 수많은 비합리적인 사회제도와 관행, 부자유, 불평등 등을 철폐하고 보다 이성적인 사회를 건설해왔다. 치열한 사회 비판, 개혁운동, 사회혁명 등은 현대가 좋은 세상 만들기를 위해 사용한 주된 방법들이었다. 현대 사회는 민주적인 공화정을 확립했고, 신분제도를 타파했으며, 남녀차별을 철폐했다. 이 것은 현대 사회가 이루어낸 중요한 성취물들이다.

그러나 현 인류 앞에 놓인 과제는 '현대 사회 건설'이 아니라 '탈현대 사회 건설'이다. 현대는 전현대 사회를 비판하고 개조해서 현대 사회를 만들 수 있었다. 하지만 탈현대 사회는 만들어지는 것이 아니라 발견되어지는 것이다. 내 안에 잠들어 있던 '참나'가 깨어나 활동하게 하는 것이 탈현대 사회 건설의 핵심적인 기제이다. 그러므로 탈현대 사회 건설을 위한 중요한 첫걸음은 바깥을 향해 있는 시선을 자신에게로 돌리는 것이다.

그래서 노자는 말한다. "스스로 반듯하되 남을 재단하지 않는다[方而不割]." '반듯함'이란 무엇일까? '참나'의 자각과 실현이라는 올바른 삶의 목표를 설정하고, 이를 위해 매진하는 삶을 살아가는 것이다. 자기 자신에게 엄격하되, 이 잣대를 상대편에게 들이대지 않는다. 왜냐하면 상대편에게 이 잣대를 들이대는 것은 상대편을 고통스럽게 만들 수는 있지만 변화시킬 수는 없기 때문이다.

"스스로 깨끗하되 남을 깎아내리지 않는다[廉而不劌]." '깨끗함'이란 무엇일까? 삿된 생각이 올라오지 않는 것을 말한다. 또 삿된 생각이 올라오더라도, 그 생각에 물들지 않으며, 지배받지 않음을 의미한다. 그러나 탈현대인은 "내가 깨끗하니 너도 깨끗해라." 하고 말하지 않는다.

"스스로 곧되 방자하게 굴지 않는다[直而不肆]." 그는 올바른 행실을 한다. 그러나 그에겐 '내가 옳다'는 생각이 없다. 그래서 그는 자신의 올바름으로 인해 상대편에게 올바름을 강요하지 않으며 오만불손하지 않다.

"스스로 빛이 있되 빛을 내지 않는다[光而不耀]." '참나'를 자각한 사람에게서 나오는 빛이 무엇일까? 사랑이다. 그는 모든 존재를 따뜻한 사랑으로 품어준다. 그러나 그는 다른 사람들을 밝혀주지만 스스로를 빛나게 하지 않는다.

무겁고 고요한 사회
-重爲輕根 靜爲躁君

"무거움은 가벼움의 근본이고, 고요함은 시끄러움의 임금이다
 [重爲輕根 靜爲躁君]."
                                                        『노자』 26장

　현대 사회는 가벼운 것[輕]을 추구하는 시끄러운 사회[躁]이다. 반면, 탈현대 사회는 무거운 것[重]을 누리는 고요한 사회[靜]이다.

　가벼운 것을 추구하는 사회[輕]란 무엇일까? 돈이나 인기, 승리나 성공과 같은 외물을 추구하는 사회이다. 이것은 바로 현대 사회이고, 현대 사회에서 추구되는 모든 것은 가벼운 것이다.

　'가볍다[輕]'는 것은 무엇인가? '대수롭지 않다' 또는 '별 것 아니다'라는 의미이다. 현대 사회에서 추구되는 돈, 인기, 외모, 성공, 승리, 명예, 이익, 공명 등이 모두 '대수롭지 않은 것'이며, '별 것 아니라는' 뜻이다.

　그러나 현대 사회에서는 이런 것들이 '대수로운 것인 듯', '별 것인 듯' 추구된다. 현대인은 자신의 삶 전체를 이런 외물의 획득을 위해 바친다. 하지만 영원과 무한의 눈으로 바라보면, 이 모든 것들은 바다표면에 잠시 생겨났다 꺼지는 물거품처럼 아무것도 아닌 것이다. 그러므로 아무것도 아닌 것을 추구하는 데 소중한 삶을 낭비하는 현대 사회

는 전면적으로 소외된 사회이다.

시끄러운 사회[躁]란 무엇인가? 외물에 집착하는 마음이 내는 탐욕의 아우성이 시끄러운 사회이다. 현대 사회는 시끄러운 사회이다. 현대 사회는 탐욕의 사회이며, 현대인의 마음은 집착으로 가득 차 있다. 그래서 현대인의 마음속과 현대 사회는 온갖 소음으로 시끄럽다. 탐욕과 집착은 고통을 낳는다. 그래서 현대 사회는 불행한 사회이다. 불행은 거울방 속의 빛이 그러하듯이 이리저리 부딪히며 고통을 전파하고 강화시킨다.

무거운 것[重]이란 무엇일까? 사랑, 믿음, 겸손, 유머, 존경, 감사, 용서 등이 모두 무거운 것이다. 무거운 것을 누리는 사회란 무엇일까? 탈현대 사회에서는 외물에 대한 추구가 끝나고, 사람들은 '지금 여기'에 깊이 머물며 사랑의 즐거움을 누린다. 이것이 무거운 것을 누리는 사회의 의미이다.

탈현대 사회는 현대적인 성취의 기반 위에 형성된 사회로, 물질적으로 풍요하며, 자유롭고 평등한 사회이다. 그러나 이런 현대적인 것들은 더 이상 추구의 대상이 아니다. 현대 사회에서는 사람들이 외물을 추구하지만, 탈현대 사회에서는 사람들이 사랑을 향유한다. 외물에 대한 추구가 사라진 바로 그 자리에 사랑과 믿음, 용서와 겸손, 감사와 존경, 그리고 입가엔 아름다운 미소가 피어난다.

증오가 증오를 낳듯이, 사랑은 사랑을 낳는다. 불신이 불신을 낳듯이, 믿음은 믿음을 낳는다. 처벌이 처벌을 낳듯이, 용서는 용서를 낳는다. 무례가 무례를 낳듯이, 겸손은 겸손을 낳는다. 불만이 불만을 낳듯이, 감사는 감사를 낳는다. 멸시가 멸시를 낳듯이, 존경은 존경을 낳는다. 찡그림이 찡그림을 낳듯이, 미소는 미소를 낳는다.

고요한 사회[靜]는 무엇인가? 고요한 사회란 외물에 집착하는 마음이 내는 탐욕의 아우성이 사라진 사회이며, 이것은 바로 탈현대 사회이다. 탈현대 사회에서 사람들은 탐욕의 노예가 되지 않으며, 집착하는 마음으로부터 자유롭다. 어떻게 그럴 수 있을까? 탈현대인은 무상無常을 자각하고 있기 때문이다. 칭찬과 비난이 무엇이란 말인가! 성공과 실패가 무엇이란 말인가! 승리와 패배가 무엇이란 말인가! 이 모든 것은 아무것도 아니다! 그래서 탈현대인의 마음속은 고요하다.

욕망을 추구하지 않는 사회
-不尙賢

"현명함을 높이지 않으면 백성들이 다투지 않게 된다[不尙賢 使
民不爭]."

『노자』 3장

다툼[爭]의 원인은 현명함을 높임[尙賢]이다. 그러므로 다툼을 없애
는 방법은 불상현不尙賢이다. '불상현'의 사회는 바로 부쟁不爭의 사회이
며, 이것이 바로 탈현대 사회의 모습이다.

여기서 현賢이란 인간이 추구하는 모든 것에 대한 상징이다. 지식,
학력, 돈, 외모, 인기, 권력, 직장 등이 모두 현賢에 속한다. 현대 사회는
상현尙賢의 사회이다. 사람들은 맹렬하게 현賢을 추구한다. 그 결과는
쟁爭이다. 상현尙賢의 사회는 곧바로 쟁爭의 사회로 귀결된다. 홉스가 말
했듯이, '무한한 욕망의 추구는 만인의 만인에 대한 투쟁 상태'를 초래
한다.

쟁爭의 사회는 수많은 패배자를 양산한다. 어떤 사람은 외모의 패배
자이고, 어떤 사람은 인기의 패배자이며, 어떤 사람은 학력의 패배자이
고, 어떤 사람은 직장의 패배자, 어떤 사람은 소유와 소비의 패배자이
다. 그러므로 '쟁의 사회'인 현대 사회에서 상처입지 않는 사람은 없다.
모든 사람들은 나름의 패배의식, 열등감, 좌절감을 짊어지고 고통스러

운 삶을 살아간다. 혹 성공과 승리의 꼭대기에 도달한 사람이라 하더라도, 그 역시 져야 할 짐이 있다. 정상에서 미끄러져 내려올 것에 대한 불안과 실제로 추락할 때의 고통이 그것이다.

'상현尙賢의 사회'와 '쟁爭의 사회'는 이렇듯 많은 고통과 불행을 양산한다. 그러나 여기에는 더 근본적인 문제가 있다. 그것은 자기 소외의 문제이다. 탈현대적인 관점에서 본 인간의 본질은 '참나[불성, 도, 명덕明德]'이다. 이런 관점에서 볼 때, 현대인들이 빠져 있는 상현尙賢이나 그 결과로서의 쟁爭으로서의 삶이란 심각한 자기 소외이다. 현대인은 자기 자신[참나]과는 아무런 관계도 없는 하찮은 것들을 추구[尙賢]하는데, 소중한 삶을 낭비하고 있는 것이다.

탈현대 사회는 '불상현不尙賢의 사회'이며, '부쟁不爭의 사회'이다. 탈현대인은 현명하다. 그러나 그들은 현명함을 추구하지는 않는다[不尙賢]. 탈현대인은 풍족하다. 그러나 그들은 풍족함을 추구하지는 않는다[不貴難得之貨]. 탈현대인에게는 마음이 만들어낸 인위적인 욕망이 비워진다[虛其心]. 탈현대 사회에는 인간을 질질 끌고 다니는 '욕망이라는 이름의 전차'가 사라진 사회이다. 그러므로 탈현대인에게는 기필하고자 하는 마음이 없다[弱其志].

탈현대 사회에서 현대인이 추구하던 현賢이란 내 마음속의 보석에 비한다면 하찮은 것이다. 탈현대인은 현賢을 추구하지 않는다. 그러므로 탈현대 사회에는 다툼이 없다. 탈현대인이 추구하는 사랑, 용서, 겸손 등은 희소자원이 아니다. 그것은 나누면 나눌수록 풍부해지는 것이기에 탈현대 사회는 부쟁不爭의 사회이다.

탈현대 사회는 고도의 과학기술에 기반해 있는 사회이다. 탈현대인은 물질적으로 풍요한 삶을 누린다. 그러나 풍요는 탈현대적인 삶의 기반일 뿐, 어떤 탈현대인도 풍요를 추구하지는 않는다. 풍요란 추구하기에는 너무 하찮은 것이기 때문이다.

탈현대인에게도 욕망은 있다. 하지만 탈현대인이 갖고 있는 욕망은 현대인의 욕망과는 차원이 다르다. 탈현대인의 욕망은 두 가지로 나눌 수 있다. 하나는 현대인의 인위적인 욕망과 대비되는 자연스러운 욕망이며, 다른 하나는 자신만을 이롭게 하고자 하는 현대인의 소욕小欲과 대비되는 천하를 이롭게 하고자 하는 대욕大欲이다.

성공과 승리에 대한 열망, 돈이나 권력에 대한 열망 등과 같은 인위적인 욕망은 탈현대인에게는 자취를 감추었다[虛其心]. 탈현대인은 자연스러운 욕망을 채우기는 하지만 결코 인위적인 욕망을 추구하지는 않는다. 당연히 탈현대인에게는 이런 하찮은 것을 꼭 쟁취해야겠다는 마음이 없다[弱其志].

욕심내지 않음을
욕심내는 사회
-欲不欲

"하고자 하는 자는 실패하고 움켜쥐려는 자는 잃어버리니 성인
은 하고자 하지 않아서 실패가 없고 움켜쥐려고 하지 않아서 잃
지 않는다[爲者 敗之 執者 失之 是以 聖人 無爲 故 無敗 無執 故
無失]."   『노자』 64장

'하고자 하는 자[爲者]'와 '움켜쥐려는 자[執者]'는 현대인을 가리키
고, 성인은 탈현대인을 가리킨다.

'하고자 하는 자는 실패한다[爲者 敗之].' '하고자 하는 자'란 어떤
사람을 가리키는 것일까? '하고자 하는 자'란 할 수 없는 것을 하고자
하는 사람을 가리킨다. 그것은 성공과 승리의 사닥다리의 가장 꼭대기
까지 올라가 영원히 그 자리에 머물고자 하는 것이다. 이것은 바로 현
대인의 삶의 목표이기도 하다. 누구도 이 목표를 달성할 수 없다. 사닥
다리의 가장 높은 곳에 오르는 것도 거의 불가능하지만, 설혹 오른 사
람도 반드시 내려와야 하며, 죽음이 그들을 찾을 때 그들은 예외 없이
가장 낮은 곳으로 곤두박질쳐진다. 올라가려고 분투하는 과정에서 많
은 좌절과 실패를 겪게 되고, 또 내려오는 과정에서 상실감을 겪어야
만 한다. 그러므로 하고자 하는 자는 실패할 수밖에 없는 것이다.

'움켜쥐려는 자는 잃어버린다[執者 失之].' '움켜쥐려는 자'란 어떤 사람을 가리키는 것일까? '움켜쥐려는 자'는 움켜쥘 수 없는 것을 움켜쥐려고 하는 사람을 가리킨다. 그것은 목숨, 젊음, 건강, 부, 외모 등과 같이 이미 갖고 있는 것을 놓지 않으려고 하는 것이다. 이것은 바로 현대인의 삶의 모습이다. 움켜쥐려고 하는 그 어떤 것도 움켜쥘 수 없는 것이다. 불교에서는 이를 가리켜 무상無常이라고 했다. 마침내 늙음과 죽음이 다가오면 우린 모든 것을 내어주어야만 한다. 그러므로 움켜쥐려고 하는 자는 잃어버릴 수밖에 없는 것이다.

현대인은 끝없이 높은 곳에 도달하려고 하고, 가진 것을 놓지 않으려고 한다. 그러나 이것은 둘 다 불가능하다. 그러므로 현대적인 삶은 결국 고통과 불행에 직면하게 된다. 늙을수록 고통과 불행은 심해지고, 마침내 죽음이 다가왔을 때 현대인은 최종적인 불행을 겪는다.

탈현대인은 어떠할까? 현대인과 정반대이다. 그들은 "하고자 하지 않아서 실패가 없고 움켜쥐려고 하지 않아서 잃지 않는다[聖人 無爲 故 無敗 無執 故 無失]." 그래서 그들은 평화와 기쁨 속에 삶을 영위하며, 죽음을 맞이한다.

탈현대인은 어떻게 '하고자 하지 않을[無爲]' 수 있을까? 그들은 이미 더 이상 올라갈 곳이 없는 높은 곳에 도달해 있음을 자각하고 있기 때문이다. 작은 들풀도, 길가에 굴러다니는 돌멩이도, 너와 나도 '온 우주를 내 안에 품고 있는 위대한 존재'이다. 돈 몇 푼, 어떤 직위를 얻기 위해 우리의 소중한 삶을 낭비할 만큼 우린 하찮은 존재가 아니다. 그래서 탈현대인은 하고자 하는 바가 없는 소요逍遙로서의 삶을 살아간다. 소요의 삶을 살아가는 탈현대인에게 실패나 좌절이란 있을 수 없다.

탈현대인은 어떻게 '움켜쥐려고 하지 않을[無執]' 수 있을까? 그들은 아무것도 움켜쥘 수 없으며, 또한 아무것도 잃어버리지 않는다는 공空의 진리를 체득하고 있기 때문이다. 바다가 더 이상 움켜쥘 수도 잃어버리지도 않는 것과 마찬가지로, 자신을 파도가 아니라 바다라고 생각하는 탈현대인은 아무것도 움켜쥐려고 하지 않으며, 갈 때가 되면 모든 것을 보내준다. 그러므로 어떤 것도 잃지 않는 것[無失]이다. 그들은 어떤 것에도 얽매이지 않는 대자유의 삶을 살아간다.

노자는 '욕심내지 않음을 욕심냄[欲不欲]'을 말했다. '욕심내지 않음을 욕심내는 사회', 이것은 탈현대 사회에 대한 멋진 묘사다. 다시 말하자면 탈현대 사회는 '무욕의 사회'이다. 탈현대인은 바라는 것이 없는 무욕의 삶, 더 이상 필요한 것이 없는 자족의 삶을 살아간다.

2,500년 전, 대제국을 건설한 알렉산더가 통 속에서 뒹굴며 살고 있는 디오게네스를 찾았다. 그는 디오게네스에게 필요한 것이 있으면 말하라면서 제국의 소유자인 자신이 무엇이던 해주겠다고 말했다. 디오게네스는 속으로 혀를 끌끌 찼다. '참 우스운 놈이로다. 어디서 천하에 둘도 없는 가난뱅이 놈이 굴러 와서는 부족한 것이 없는 나에게 무엇을 적선한다고 알짱거린단 말인가!'

디오게네스는 아무것도 더 이상 필요한 것이 없는 세계 최고의 갑부였고, 알렉산더는 '나는 아직 배가 고프다'고 칭얼거리며, 고픈 배를 부여잡고 끊임없이 새로운 영토를 집어삼켜야만 하는 가난뱅이였던 것이다.

9.

탈현대 사회상 4
-평화로운 사회

탈현대 사회는 평화로운 사회이다. '평화의 꿈!' 이것이야말로 『노자』 전편을 통해 드러나고 있는 노자의 강렬한 꿈이었을 것이다. 춘추전국시대라는 끝없는 전란의 시대 한가운데에서, 노자는 전쟁을 종식시키고 평화롭고 조화로운 삶을 영위하는 미래사회에 대한 비전을 보았다. 그리고 노자의 꿈은 2,600년의 긴 세월을 지나, 이제 그 꽃을 피우려는 길목에 우리는 서 있다.

평화의 꿈
- 爲腹不爲目

> "오색은 사람의 눈을 어둡게 하고, 오성은 사람의 귀를 멀게 하
> 며, 오미는 사람의 입을 상하게 하고, 말을 타고 사냥하는 놀이
> 는 사람의 마음을 미치게 하며, 얻기 어려운 재화는 사람의 행
> 동을 흔들어 놓는다[五色 令人目盲 五音 令人耳聾 五味 令人口爽
> 馳騁畋獵 令人心發狂 難得之貨 令人行妨]."　　　　　　『노자』12장

　이 구절에서의 묘사는 바로 현대 자본주의사회에 대한 자화상이라
고 해도 틀림이 없다.

　길고 처절한 전란의 시대를 살았던 노자의 꿈은 무엇이었을까? 그
것은 평화에 대한 간절한 희구였다. 왜 그토록 오래 전란의 시대가 계
속되었던 것일까? 미친 듯이 날뛰는 욕망이 그 답이라고 노자는 생각
했다. 결국, 이 욕망을 잠재우는 것이 항구적인 평화의 전제가 되는 것
이다. 노자는 책 전체를 통해 이 문제를 설파하고 있다. 그중에서도 12
장에서는 이를 더욱 강조하고 있는데, 노자는 인간의 미쳐 날뛰는 욕
망을 한탄하기도 하고, 그 어리석음을 지적하면서 욕망을 잠재울 것을
호소하고 있다.

　자신의 시대에 대한 노자의 한탄은 현대에도 적용될 수 있을까? 물

론 적용될 수 있다. 노자의 시대와 마찬가지로 현대도 처절한 전란의 시대이며, 욕망이 미쳐 날뛰는 시대이기 때문이다. 노자의 시대와 현시대의 공통점은 '도와 어긋나 있는 시대'라는 점이다. 어떤 점에서 그러한가? 그 핵심은 바로 '무한한 욕망의 추구'이다.

노자는 '도법자연道法自然'이라 했다. 자연의 세계를 바라보면, 그 어디에도 무한한 욕망을 추구하는 존재는 없다. 즉, 도와 하나인 자연은 무한한 욕망을 추구하지 않는다. 오직 인간만이 무한한 욕망을 추구하면서 세상을 지옥과 같은 곳으로 만들어간다. 특히 서주西周의 예禮가 붕괴된 춘추전국시대나 욕망을 부추기는 현대 자본주의사회에서, 욕망은 고삐 풀린 말처럼 미쳐 날뛴다.

탈현대인에게도 욕망이 있다. 하지만 그것은 자연스러운 욕망이다. 탈현대인은 아무도 욕망을 추구하지 않는다. 탈현대인이 추구하는 것은 '참나'를 실현하는 것이며, 그 결과로 사랑할 수 없는 것을 사랑하고, 용서할 수 없는 것을 용서하며, 진정으로 겸손한 사람이 되는 것이다. 탈현대인에게도 동물로서의 존재 차원이 있으며, 이에 따라서 성욕, 식욕, 수면욕, 배설욕 등과 같은 자연스러운 욕망이 있다. 자연스러운 욕망은 적정선에서의 만족이 있다. 배가 부른 사람은 더 이상 먹을 것을 탐하지 않는다.

하지만 탈현대인에게는 인위적인 욕망이 없다. 인위적인 욕망이란 재물, 권력, 인기, 외모 등과 같은 사회적인 희소자원을 탐하는 것이다. 여기에는 적정선에서의 만족이 없고, 무한을 추구한다. 어떻게 탈현대인에게는 인위적인 욕망이 없을까? 탈현대인은 인위적인 욕망을 채워야만 자신이 가치 있는 존재가 된다고 생각할 만큼 자신을 보잘것없는 존재로 보지 않기 때문이다.

탈현대인이 바라본 나는 누구일까? 나는 온 우주를 품고 있는 지극히 위대하고 아름다운 존재이다. 너는 누구일까? 너 역시 온 우주를 품고 있는 지극히 위대하고 아름다운 존재이다. 나와 너의 가치는 자명한 것이다. 그러니 재물이나 권력을 쟁취해야만 자신이 가치 있는 존재가 될 수 있다는 터무니없는 생각으로부터 탈현대인은 멀리 벗어나 있다.

그래서 탈현대 사회는 평화롭다. 나 자신을 깊이 존경하고, 너를 깊이 존경한다. 하찮은 재물이나 권력을 두고, 이것을 차지하기 위해 서로 싸운다는 것은 상상조차 할 수 없다. 탈현대 사회는 노자의 오랜 꿈이 실현된 평화로운 사회인 것이다.

평화로운 공동체
-小國寡民

"나라는 작고 백성은 적어서 열 사람 백 사람 몫을 할 만한 그
릇이 있어도 쓸 데가 없다[小國寡民 使有什佰之器而不用]."

『노자』 80장

유명한 소국과민에 대한 구절이다. 이 장에는 끝없는 전란의 시대 속
에서 도탄에 빠진 백성들의 삶을 바라보며 터져 나온 노자의 평화에
대한 간절한 염원이 담겨 있다.

현대 사회는 춘추전국시대와는 또 다른 양상의 전란의 시대이다. 개
인과 개인, 집단과 집단, 국가와 국가는 무한경쟁시대에 돌입해 있다.
세계의 수많은 젊은이들은 취업을 위한 경쟁을 치르고 있다. 급속한
자동화로 인해 일자리가 줄어들고, 노동조건이 악화되고 있는 상황에
서 경쟁은 더욱 치열해지고, 젊은이들의 삶은 피폐화되고 있다. 줄어드
는 일자리에 불안을 느끼는 것은 중년들도 마찬가지이다. 중년들은 일
자리에서 퇴출 위협을 받고 있고, 노인들은 일자리 경쟁에서 패잔병으
로 자신을 인식한다.

기업체의 경우도 상황은 심각하다. 자본의 세계화로 국내적인 경쟁
은 세계적인 차원에서의 경쟁으로 격화되어 있다. 전반적인 구매력 감

소는 기업의 이익감소는 물론이고, 생존 자체를 위협하고 있다. 기술혁신의 속도가 빨라지는 것은 기업의 평균수명 감소를 초래한다. 지구상 수많은 기업이 도산하고 있는 가운데, 살아남기 위한 기업 간 경쟁은 더욱 첨예화되고 있다.

국가 간 경쟁도 치열함을 더하고 있다. 미국은 기축통화국의 지위를 활용해 천문학적인 규모의 신규 화폐발행을 단행하고 있다. 그리고 이를 통해 자국 경제의 회생을 꾀하고 있다. 유럽 역시 미국과 동일한 방식을 취하고 있으며, 일본은 아베노믹스를 통해 엔저를 통한 자국 기업의 수출경쟁력 강화를 도모하고 있다. 그러나 이들 소수 국가들과 달리, 기축통화를 갖고 있지 못한 대부분의 국가들은 그 대가를 고스란히 떠안는 불공정 경쟁이 진행되고 있다. 구조적인 전 세계 불황 앞에서, 각국은 자신만 살아남기 위한 처절한 경쟁을 펼치고 있는 것이다.

다각적인 차원에서 전개되고 있는 이 끝없는 경쟁의 끝은 무엇일까? 현대 문명의 파국이다. 현대 문명 초기와 중기까지만 하더라도 경쟁은 현대 문명을 형성하고 유지해온 핵심적인 기제였다. 그러나 현대 문명 말 그리고 탈현대 문명 초라는 문명 대전환기를 맞아서, 경쟁은 현대 문명의 몰락을 초래하는 도화선 역할을 하고 있다. 액셀러레이터를 밟으면 자동차가 빨리 가지만, 과도하게 계속 밟으면 자동차를 폭발하고 마는 것과 같은 이치이다.

춘추전국시대라는 긴 전란의 시대가 끝난 뒤, 장기간의 평화의 시대가 도래했다. 현대 말의 격한 전란의 시대가 끝나면, 항구적인 평화의 시대가 올 것이다. 오늘날 경쟁의 격화는 희소자원에 대한 추구가 강화된 결과이다. 희소자원에 대한 추구는 현대인이 갖고 있는 결핍감의 결과이다. 결핍감의 근본적인 원인은 인간을 현재의 상태로는 늘 부족한 존재로 바라보는 현대 인간관이다.

평화의 시대의 기초는 탈현대 인간관이다. 탈현대적인 관점에서 보면, 인간은 온 우주를 자신 안에 품고 있는 충만한 존재이다. 탈현대인 역시 실용적인 이유에서 재화를 필요로 하지만, 결코 그것을 추구하지 않는다[器而不用]. 희소자원에 대한 추구의 중지, 이것이 탈현대의 평화로운 사회의 확고한 기초가 된다. 희소자원의 무한한 추구와 이로 인한 처절한 경쟁으로 인해 폐허화된 사회, 바로 이곳이 탈현대 문명의 새집을 지을 터전이 된다.

군마가 사라진 사회
－知足之足 常足

"천하에 도가 있으면 군마를 밭 가는 말로 바꿔 없애고 천하에
도가 없으면 들판에서 군마가 태어난다[天下有道 卻走馬以糞 天
下無道 戎馬生於郊]."   『노자』 46장

현대 사회는 무도한 사회여서 들판에서 군마가 태어난다. 탈현대 사
회는 유도有道한 사회여서 군마를 밭 가는 말로 바꿔 없앤다.

현대인은 싸움말로 태어나며[戎馬生於郊], 싸움말로 길러진다. 어린
시절부터 아이들은 부모, 학교, 사회로부터 '싸움의 기술'을 전수받는
다. 현대인의 삶은 싸움의 연속이며, 현대 사회는 모든 행위 주체들이
자신의 욕망 충족을 위한 싸움을 벌이는 전쟁터이다. 현대는 도가 사
라진[無道] 사회인 것이다.

현대인은 말한다. '난 현재 상태에 만족하지 않아[不知足].' 그래서
현대인은 욕심을 내어 희소자원을 쟁취하고자 한다[欲得]. 그리고 '결
코 얻을 수 없는 만족'을 향해 고통스러운 전장과 같은 세상을 향한다.
현대인의 욕망은 무한한 것이며, 어느 누구도 멈출 수 없다. 욕심과 욕
심이 충돌한다. 그리고 이 세상은 아귀지옥이 되어버렸다.

검은 무기상인들. 이 세상이 돌아가기 위해서는 지구상 어디에선가

전쟁이 일어나야 하고, 사람들의 머리 위에 폭탄이 떨어져야 한다. 일이차 세계대전, 한국전쟁, 베트남전쟁, 중동에서 치러진 수많은 전쟁, 그리고 수많은 내전들이 일어났다. 크고 작은 전쟁이 일어날 때마다 수많은 폭탄이 퍼부어졌고, 수많은 사람이 죽임을 당했다. 20세기 동안 1억 명이 넘는 사람들이 인간의 손에 죽임을 당했다.

학교에서는 '싸움의 기술'을 가르쳐준다. 학교는 사랑과 용서, 겸손을 가르치지 않는다. 어떻게 하면 네가 싸워서 이길 수 있는지, 그래서 네가 원하는 것을 차지할 수 있는지를 가르쳐준다. 정규 학교교육만으로는 모자라 수많은 사설학원에서 싸움을 위한 특수한 기술을 가르쳐준다.

생산이 파괴가 되어버린 세상. 수많은 공장의 굴뚝은 자연을 향한 대포의 포신이 되어버렸다. 인류의 욕망은 모든 것을 집어삼켜서 모든 자원을 고갈시켰고, 욕망이 내뿜는 연기는 대기도 바다도 모두 오염시켰다. 생명은 병들고, 수많은 종들이 이미 멸종되었다. 수십억 년에 걸쳐 만들어진 정교한 지구생태계는 불과 수백 년 만에 초토화되고 있는 것이다.

어떻게 해야 할 것인가? 노자는 말한다. 군마를 분마_{糞馬}로 바꾸어야 한다고⋯. 지구상에서 벌어지고 있는 이 어이없는 싸움을 지금 당장 중지해야 한다고⋯. 그래서 우리는 서로를 존경하고 사랑하면서 평화로운 새 지구촌을 만들어가야 한다고⋯.

탈현대 사회는 군마가 사라진 사회[卻走馬以糞]이며, 도와 하나가 된 사회이다[天下有道]. 탈현대 사회의 학교에서는 더 이상 '싸움의 기술'을 가르치지 않는다. 탈현대의 학교는 사랑할 수 있는 능력을, 용서할 수 있는 능력을, 존경할 수 있는 능력을, 겸손할 수 있는 능력을, 아름답게 미소 지을 수 있는 능력을 배양하고자 한다.

탈현대 사회에서 욕망은 더 이상 삶과 문명을 추동하는 원동력이 아니다. 욕망의 충족은 목적의 영역에서 필요의 영역으로 자리를 옮기며, 극대화가 아니라 적정의 원리에 따른다. 평화로움이 삶과 사회의 구석까지 파고들고, 인간과 자연은 조화로운 공존을 이룬다.

탈현대인의 마음은 평화롭고, 삶은 한가롭다. 그는 이미 목적지에 도달하였기에 더 이상 갈 곳이 없다. 그는 반복되는 일상 속에서도 존재의 경이로움을 느끼며, 깊은 감사와 행복을 느낀다. 그래서 탈현대인은 현재의 상태에 늘 만족하며 그러므로 늘 넉넉하다[知足之足 常足矣].

안평태한 사회

-安平太

"큰 형상을 잡고 세상에 나아가니, 나아가매 해로움이 없어서
편안하고 평화롭고 태평하다[執大象 天下往 往而不害 安平太]."

『노자』 35장

'큰 형상[大象]'이란 무엇인가? '큰 형상'이란 '도'를 가리킨다. 이 구
절은 탈현대 사회가 어떤 사회인가에 대한 좋은 묘사이다.

탈현대 사회는 도를 추구하는[執大象] 사회이다. 현대 사회가 추구
하는 인위는 얼핏 보아 화려해서 사람의 이목을 끈다[樂與餌 過客 止].
댄스그룹이 나와 현란한 춤과 기이한 음으로 대중의 시선을 사로잡는
모습은 그 하나의 전형이다. 그러나 탈현대 사회가 추구하는 도는 담
담하여 아무런 맛이 없고[淡乎其無味], 보아도 볼 만한 것이 없으며[視
之不足見], 들어도 들을 만한 것이 없다[聽之不足聞].

온 정성을 기울여 기쁨 속에서 설거지를 하는 모습, 누워서 빈둥거
리며 심심함을 즐기는 모습, 칫솔이 잇몸에 닿는 감각을 즐기면서 행복
한 양치를 하는 모습, 봄의 대지 위를 걸을 수 있음에 깊은 감사를 느
끼며 걷고 있는 모습 등…. 여기엔 아무런 맛도, 볼 만한 것도, 들을 만
한 것도 없다.

그러나 맛의 극치는 바로 맛이 없음[無味]이 아니겠는가! 우리가 오래 함께할 수 있는 맛은 맛이 없는 것, 예를 들면 물이나 밥과 같은 것이다. 물과 밥은 아무리 먹고 먹어도 결코 질림이 없다[用之不足旣]. 행복한 설거지도, 심심함을 즐기기도, 기쁨 속의 양치질도, 감사 속의 걷기도, 모두 쓰고 또 써도 다함이 없는 것이다.

그래서 '안평태安平太'는 탈현대적인 삶과 사회의 키워드가 되는 것이다. 탈현대적인 삶과 사회는 편안하고, 평화롭고, 태평하다는 것이다. 탈현대인은 편안하다[安]. 그는 불편함 속에 편안히 머물 수 있기 때문에 그를 불편하게 할 수 있는 것은 세상에 없다. 탈현대인은 평화롭다[平]. 그가 누리는 평화로움은 언제나 깨어질 수 있는 바다 표면의 잔잔함이 아니라 바다 밑바닥의 평화로움이기에 깨어질 수 없다. 탈현대인은 태평하다[太]. 죽음조차도 그를 흔들지 못하기 때문에 이 세상 어떤 것도 그를 흔들지 못한다.

'안평태'한 사회는 어떤 사회일까? 자로子路가 스승의 뜻을 묻는 질문에 공자는 '노인이 편안한 삶을 누릴 수 있는 사회[老子安之]'라고 답했는데, 이것은 '안평태'한 사회에 대한 좋은 묘사라고 생각한다. 다만 노인의 범위를 넓힌다면 그 뜻은 더욱 완전해질 것이다. 가난한 사람들이 업신여김을 받지 않는 사회, 장애인들이 존엄성을 지키며 살아갈 수 있는 사회, 노인이나 병약자를 쓸모없는 존재로 간주하지 않는 사회, 그래서 모든 사람들이 서로 존중하면서, 편안한 삶을 영위할 수 있는 사회가 바로 '안평태'한 사회의 의미이다.

탈현대적인 삶과 사회가 '안평태'할 수 있는 이유는 탈현대 사회가 '참나'에 바탕을 두고 있는 사회이기 때문이며, 현대적인 삶과 사회가 '안평태'할 수 없는 이유는 현대 사회가 에고에 바탕을 두고 있는 사회이기 때문이다.

평화를 예로 들어 설명해보도록 하자. 갈등이론가들이 말하듯이, 현대 사회에서의 평화란 잠정적인 것이고, 불안정한 것이다. 그것은 일종의 휴전상태와 같은 것이다. 작은 불씨만 던져지면 평화는 깨어지고 갈등국면으로 치닫는다. 개인과 개인, 집단과 집단, 국가와 국가, 민족과 민족, 인종과 인종, 종교와 종교 등 현대의 모든 관계가 이와 같다.

반면에 탈현대 사회에서의 평화는 항구적이고 깨어질 수 없는 것이다. 탈현대 사회에서 개인과 개인, 집단과 집단, 민족과 민족, 인종과 인종 등 모든 관계의 바탕에는 상대편에 대한 깊은 관심과 이해, 배려가 깔려 있다. 그리고 그들은 지극히 겸손하다. 그래서 모든 행위 주체들은 서로 사랑으로 결합한다. '안평태安平太'한 사회가 지속되는 것이다.

분쟁이 종식된 사회
- 至柔馳騁至堅

"세상에서 가장 부드러운 것이 세상에서 가장 단단한 것을 부린다[天下之至柔 馳騁天下之至堅]."　　　　　　　『노자』43장

'부드러운 것이 단단한 것을 부리는 세상!' 이것은 탈현대 사회에 대한 가장 간결하면서도 강력한 묘사이다.

　세상에서 가장 부드러운 것은 무엇일까? 그것은 '참나'이다. '참나'는 한없이 부드러워서 어떤 것과도 충돌하지 않는다. 탈현대 사회에서는 '참나'가 내 존재의 주인이 된다. 세상에서 가장 단단한 것은 무엇일까? 그것은 에고이다. 에고는 상대편 에고와 쉽게 충돌하며, 불평과 불만을 일으킨다. 현대 사회에서는 에고가 내 존재의 주인이 된다.

　탈현대 사회에서 에고는 '참나'의 하인이 된다. 탈현대는 세상에서 가장 부드러운 '참나'가 주인이 되어 세상에서 가장 단단한 에고를 부리는 사회인 것이다. 그러므로 탈현대 사회에서는 분쟁이 발생하지 않으며, 상대편의 문화나 특성을 존중하는 가운데 조화를 이룬다. 몇 가지 예를 들어보기로 하자.

　현대 사회를 보면, 이웃나라 간에 분쟁이 끊이지 않는다. 영토분쟁은 그 대표적인 경우이다. 한국과 일본 간에는 독도영유권 문제와 한국과

일본 사이의 바다에 대한 명칭을 두고 분쟁이 지속되고 있다.

탈현대인의 눈으로 바다 명칭에 대한 분쟁을 바라본다면, 이는 웃음이 터져 나오는 일일 것이다. 각국 외교부는 자신이 원하는 명칭으로 바다 명칭을 굳히기 위해서 필사적으로 외교적인 노력을 기울이며, 그 결과에 환호하기도 하고 실망과 좌절감을 느끼기도 한다. 하지만 모든 존재에 대한 이름이 그 존재와 동일한 것이 아닐 뿐만 아니라 때로 양자의 동일시가 존재의 빛을 가린다는 것을 잘 알고 있는 탈현대인은 명칭에 연연해하지 않는다.

그래서 탈현대 사회에서는 한국과 일본 사이의 바다 이름에 대해 쉽게 합의에 도달한다. 한 사람이 말한다. "중국과 한국 사이의 바다를 바다 빛깔을 따서 황해黃海라고 부르니, 한국과 일본 사이의 바다는 청해青海라고 부르면 어떨까요?" 모든 사람이 좋다고 고개를 끄덕이고, 명칭은 쉽게 정해진다.

독도영유권 문제는 어떨까? 탈현대인은 소유를 추구하지 않으며, 소유에 집착하지 않는다. 현대 사회에서는 소유에 대한 추구와 집착이 커다란 고통을 낳는다. 티베트에서 일어났던 그리고 지금도 일어나고 있는 참담한 일이 바로 이 소유에 대한 추구와 집착에서 비롯된 것이다.

독도영유권 문제도 본질은 동일하다. 탈현대 사회라면 이런 문제는 아예 발생하지 않는다. 그러나 만일 현대 사회로부터 이런 문제가 이관되었다면, 탈현대 사회는 이에 어떻게 대처할 것인가? 모임에서의 한 사람이 말한다. "독도를 두 나라 사람들 누구나가 와서 집을 짓고 고기를 잡으면서 영구적인 평화공원으로 만들면 어떨까요?" 모든 사람이 좋다고 고개를 끄덕이고, 독도영유권 문제는 쉽게 해결된다. 분쟁의 소지가 되었던 독도는 이웃 민족들이 서로를 더 존경하고 사랑하며 살아가는 매개체가 된다.

　모든 집단과 집단 간에, 개인과 개인 간에, 탈현대 사회에서는 지극
한 부드러움이 지극히 단단한 것을 부린다. 어떤 행위 주체들 간에도
분쟁은 발생하지 않는다. 그들은 상대편을 지극히 존중하고 존경하는
가운데 평화롭고 행복한 공존을 한다. 이것은 인간과 자연과의 관계에
도 똑같이 관철된다. 인간은 자연을 외경하고, 자연은 인간에게 끝없는
풍요를 베풀어준다.

10.

탈현대 사회상 5
-새로운 사회질서

탈현대 사회는 '참나'의 발현에 의해 새로운 사회질서가 수립된 사회이다. 외부로부터의 제재나 내적인 강제가 아니라 선(善)의 자발적인 분출에 의해 질서가 유지되는 사회, 이것이 바로 탈현대 사회의 모습이다. 사람들은 선한 의도를 갖고 다른 사람들을 대하며, 상대편이 필요로 하는 도움이 있다면 이를 베푼다.

착하지 않은 사람을
착하게 대하는 사회
-不信者 吳亦信之

"착한 사람을 나는 착하게 대하고 착하지 않은 사람을 나는
또한 착하게 대하니 덕은 오직 착하기 때문이다. 믿음직스러
운 사람을 나는 믿고 믿음직스럽지 않은 사람을 나는 또한
믿으니 덕은 진실하기 때문이다[善者 吳善之 不善者 吳亦善之
德善矣 信者 吳信之 不信者 吳亦信之 德信矣]." 『노자』49장

이 구절은 '탈현대인은 사람을 어떻게 대하는가?'에 대한 답을 담고
있다. '착하지 않은 사람을 착하게 대함', '믿음직스럽지 않은 사람을
믿음으로 대함', 이것이 사람 대함의 방법에 대한 노자의 대답이며, 동
시에 탈현대 사회의 모습이다.

현대인이 사람을 대하는 방법은 이와 다르다. 착한 사람과 믿음직스
러운 사람을 대하는 방식에는 현대인과 탈현대인 사이에 유사성이 있
다. 그러나 착하지 않은 사람과 믿음직스럽지 않은 사람을 대하는 방
식은 극명하게 다르다.

노자나 탈현대인과 달리, '현대인은 착하지 않은 사람을 착하지 않
게 대하고, 믿음직스럽지 않은 사람을 믿음으로 대하지 않는다.' 왜 현
대인은 그렇게 하는 것일까? 그렇게 할 수밖에 없기 때문이다.

만일 현대인에게 "당신은 왜 그렇게밖에 못하세요?"라며 질문을 던진다면, 현대인은 이렇게 반문할 것이다. "내가 왜 못된 사람에게 착하게 대해줘야 하는 거죠?" "내가 왜 믿음직스럽지 않은 사람을 믿어줘야 하는 거죠?" 현대인은 그 이유를 도저히 알 수 없다. 그리고 그 결과는 아주 나쁜 것이 된다. 못된 사람은 더 못된 사람이 되고, 믿음직스럽지 않은 사람은 더 믿을 수 없는 사람이 되며, 그리고 그 사람을 그렇게 대한 자신도 점점 비인간화되고 불행해진다.

못된 사람을 착하게 대하고, 믿음직스럽지 않은 사람을 믿어주는 일은 어렵다. 그런데 노자는 왜 "성인[탈현대인]은 착하지 않은 사람을 착하게 대하며, 믿음직스럽지 않은 사람을 믿음으로 대한다"라고 했을까? 어떻게 그런 것이 가능할까? 이것은 에고가 주체가 되어 살아가는 현대인에게는 불가능한 일이다.

그렇다면 누가 사람을 이렇게 대할 수 있을까? 오직 '참나'가 자신의 주체가 된 사람[성인, 탈현대인]만이 이렇게 사람을 대할 수 있다. 성인에게는 이것이 어떻게 가능할까? 그 답은 이런 것이다. 성인은 에고가 망상임을 알고 있다. 그러므로 '착하지 않은 행동'이나 '믿음직스럽지 않은 행동'은 망상으로서의 에고가 만들어낸 행동임을 알고 있다.

성인은 누구를 대하던 간에 망상으로서의 에고나 망상으로서의 에고가 빚어낸 행동이 그 사람이라고 간주하지 않는다. 성인은 이렇게 생각한다. '그런 행동을 하게 한 것은 다만 그의 에고일 따름이야.' 성인은 그 사람 안에 살고 있는 '참나'를 보며, 바로 그가 상대편의 진정한 면목이라고 생각한다. 그래서 성인은 착한 사람이나 착하지 않은 사람이거나 간에 착하게 대한다.

만일 우리가 상대편을 한결같이 착하게 그리고 믿음으로 대한다면 어떤 일이 일어날까? 우리가 착하지 않은 사람을 착하게 대하고, 믿음직스럽지 않은 사람을 믿음으로 대한다면 어떤 일이 일어날까? 놀라운 변화가 일어날 것이다. 이것은 상대편 안에 잠들어 있던 '참나'를 깨어나 활동하게 한다. 착하지 않았던 바로 그 사람이 정말 착한 사람으로 바뀌게 된다. 믿음직스럽지 않았던 그 사람이 정말 믿음직한 사람으로 바뀌게 된다. 그래서 그 사람을 착하게 믿음으로 대했던 그 사람도 행복하게 된다. 변화를 경험한 그 사람은 이제 그 스스로가 착하지 않은 사람을 착하게 대하고 믿음직스럽지 않은 사람을 믿음으로 대해줄 수 있는 멋진 사람이 된다. 이렇게 해서, 서로가 착하게 믿음으로 서로를 대하는 사회가 만들어진다. 이렇게 아름다운 사회관계를 맺는 사회가 바로 탈현대 사회이다.

스스로 바르게 되는 사회
-不欲以靜

"고요함으로써 하고자 하는 바가 없어지니, 세상은 스스로 바르
게 될 것이다[不欲以靜 天下將自正]." 『노자』 37장

탈현대 사회는 어떻게 사회질서를 수립할까? 이 구절에는 이 질문에
대한 노자의 답변이 담겨 있다.

사회질서라는 측면에서 볼 때, 현대 사회는 전현대 사회보다 상황이
더 열악하다. 프랑스대혁명 이후 만연했던 사회무질서의 문제를 E. 뒤
르케임Emile Durkheim은 아노미[규범적인 무질서]라는 개념으로 구상화
했다.

왜 현대 사회는 무질서한 것일까? 그것은 현대 사회가 원자적인 개
체로서의 행위 주체들이 맹렬하게 자신의 욕망을 추구하는 사회이기
때문이다. 이미 지금으로부터 450년 전 『리바이어던』의 저자인 T. 홉
스Thomas Hobbes는 자연방임 상태에서 각자 무한한 욕망의 추구는 '만
인의 만인에 대한 투쟁', 즉 극도의 사회무질서를 초래할 것이라고 말
했다.

『욕망이라는 이름의 전차』는 T. 윌리엄스Tennessee Williams가 1947년
발표한 희곡의 제목이다. 이 제목은 현대 문명의 본질을 아주 잘 드러

내고 있다. 현대 사회는 무한한 욕망을 추구하면서 맹목적으로 앞으로만 치달리는 전차와 같다. 그리고 현대 문명이라는 전차는 지금 낭떠러지 바로 앞에 도달해 있다. 만일 우리가 멈추지 못한다면, 전차는 천길만길 아래로 떨어져 산산조각이 날 것이다.

자 어떻게 할 것인가? 앞으로만 치달리는 현대 문명의 전차를 멈추어야 한다. 어떻게 멈출 것인가? 현대는 그 방법을 알지 못한다. 현대 문명은 스스로 멈출 수 없다. 왜냐하면 현대 문명의 전차를 달리게 하는 연료가 바로 '욕망'이기 때문이다. 예전에 심신이라는 키 큰 가수가 있었는데, 〈난 멈추지 않는다〉라는 제목의 노래를 부른 적이 있다. '멈추지 않는 삶과 문명', 이것이 현대적인 삶과 문명의 모습이다.

현대는 인간을 '욕망의 주체'라고 간주한다. 그래서 현대 인간관의 영향 아래 있는 현대인은 '욕망을 추구하는 삶'을 살아간다. '욕망 충족적인 삶에 도달하는 것', 이것이 현대적인 삶의 목표이며, '욕망 충족적인 사회에 도달하는 것', 이것이 현대 문명의 목표이다. 그러므로 적절한 선에서의 만족이란 있을 수 없다. 현대는 더욱더 욕망 충족적인 삶과 문명에 도달하기 위해 앞을 향해 치닫는 기관차와 같다.

어떻게 이 욕망이라는 이름의 전차를 멈출 것인가? 노자는 말한다. 고요함[靜]으로써 이 미친 듯이 달리는 기관차를 멈출 수 있다[不欲以靜]. 고요함이란 무엇인가? 그것은 마음속에 들끓던 욕망들이 모두 사라진 상태인가? 아니다. 고요함이란 바다 표면[에고]이 끊임없이 요동치는 가운데, 바다 밑바닥[참나]이 느끼는 고요함이 되는 것이다.

바다 표면에 끊임없이 파도가 일어나듯이, 우리 마음속에도 욕망이 일어난다. 하지만 우리들은 더 이상 일어난 욕망의 노예가 되지 않는다. 바다 밑바닥이 된 우리는 일어난 욕망을 자각하고, 욕망을 향해 아름다운 미소를 던진다. 파도가 그러하듯, 욕망은 일어났다가 사라질 뿐이다.

파도로서의 우리는 높이 치솟고자 하지만, 바다 밑바닥이 된 우리에게는 더 이상 하고자 하는 바가 없어진다[不欲]. 어떻게 그런 것일까? 바다로서의 나[탈현대인]는 이미 목적지에 도달한 존재이며, 더 이상 가야 할 곳이 없기 때문이다. 모든 행위 주체들에 의한 욕망의 분출이 중지되면 어떤 일이 일어날 것인가? 세상은 스스로 바르게 된다[天下將自正]. 스스로 바르게 되는 세상, 그곳이 바로 탈현대 사회이다.

모두가 중심이 되는 사회
-吳不敢爲主而爲客

"나는 감히 나서서 주인이 되지 않고 나그네가 된다[吳不敢爲主
而爲客]."

『노자』 69장

탈현대 사회의 사회구성 원리를 잘 보여주는 말이다. 탈현대 사회는 중심이 없는 가운데, 모두가 중심이 되는 사회이다. 다른 말로 하면, 탈현대 사회는 중심과 주변의 구조가 해체된 사회이다.

현대 사회에는 중심과 주변이 이분화되어 있다. '인간과 사회'라고 하는 중심과 '자연'이라고 하는 주변으로의 이분화, 미국을 위시한 세계자본주의 체제의 '중심국가'와 아프리카나 남미를 위시한 '주변국가'로의 이분화, 중심으로서의 '도시'와 주변으로서의 '농촌'으로의 이분화, 국가 내에서도 부와 권력을 독점하고 있는 '중심집단'과 그렇지 못한 '주변집단'으로의 이분화가 이루어져 있다. 드라마나 영화에서도 중심인물로서의 '주연'과 주변인물로서의 '조연'으로의 이분화가 이루어져 있다. 이런 중심과 주변이라는 이분적인 구조 속에서 현대인이나 현대국가는 중심부로의 진입을 위해 사력을 기울인다.

지난 수십 년간 한국 사회가 기울여온 노력의 요체는 주변국가의 위치를 벗어나서 중심국가가 되는 것이었다. 한국 사회가 기울인 노력의 결과는 상당히 성공적인 것이었다. 그러나 이런 노력은 '중심과 주변의 이분화된 구조'를 해체시키지 못할 뿐만 아니라 더욱 강화시킨다. 모든 국가들이 동일한 노력을 기울이는 가운데, 어떤 국가들은 위로 올라가고, 어떤 국가들은 아래로 떨어지는 개별적인 변화만이 일어날 따름이다.

이에 반해서, 탈현대 사회는 별도의 중심이 없는 가운데 모두가 중심이 되는 사회이다. '모두가 주인공이 되어 살아가는 사회', 그것이 탈현대 사회의 모습이다. 탈현대 사회에는 중심으로서의 인간과 주변으로서의 자연이라고 하는 이분화가 존재하지 않는다. 탈현대 사회에는 중심국가와 주변국가의 이분화가 존재하지 않는다. 탈현대 사회에는 중심으로서의 도시와 주변으로서의 농촌이라고 하는 이분화가 존재하지 않는다. 탈현대 사회에는 중심으로서의 부유층과 주변으로서의 빈곤층이라고 하는 이분화가 존재하지 않는다. 탈현대 사회에서는 모든 인종들, 문화들, 종교들 간에도 중심과 주변의 이분화가 해체되어 있다.

어떻게 우리는 모두가 중심이 되는 탈현대 사회로 나아갈 수 있을 것인가? 중심부로 진입하고자 하는 에고의 노력을 중지함으로써이다. 이미 나[참나]는 중심부에 도달해 있음을 자각함으로써, 그리고 우리 모두[참나]가 중심부에 도달해 있음을 자각함으로써이다.

노자는 이런 이치를 다음과 같이 표현하고 있다. 즉, '주인[중심]이 되려는 노력을 멈춤[吳不敢爲主]'으로써, '한 치를 나아가려는 노력을 멈춤[不敢進寸]'으로써, 나는 이미 중심부에 도달해 있는 나를 자각한다.

'중심부에 도달하려는 노력을 멈춤으로써, 우리 모두 함께 중심부에 도달할 수 있다'는 역설을 노자는 다양하게 표현한다. '나아감 없이 행진하는 것[行無行]', '팔뚝 없이 휘두르는 것[攘無臂]', '적 없이 나가 싸우는 것[仍無敵]’, ‘병기 없이 병기를 잡는 것[執無兵]’ 등이 모두 여기에 해당한다.

이런 노력을 통해 비로소 우리는 탈중심적인 탈현대 사회에 도달할 수 있다. 탈현대 사회에서 인간은 외경심을 갖고 자연을 바라보며, 자연은 인류의 스승이 된다. 인간과 자연의 조화가 이루어진다. 탈현대 사회에서 크고 강한 나라는 작고 약한 나라의 아래에 위치한다. 이리하여 크고 강한 나라와 작고 약한 나라 간의 조화가 이루어진다. 탈현대 사회에서는 도시와 농촌의 경계가 해체되며, 더 이상 부자도 빈자도 존재하지 않는다. 이리하여 탈현대 사회에서는 모두가 조화를 이루며, 모두 함께 주인공으로 살아간다.

영성을 추구하는 사회
-柔弱者 生之徒

"단단하고 강한 것은 죽음의 무리요 부드럽고 약한 것은 삶의
무리다[堅强者 死之徒 柔弱者 生之徒]."　　　　　　　　『노자』 76장

　노자의 관점에서 보면, 현대 문명은 단단하고 강한 것을 추구하는
견강자堅强者에 해당하며, 이는 죽음의 무리이다. 탈현대 문명은 부드럽
고 약한 것을 추구하는 유약자柔弱者에 해당하며, 이는 삶의 무리이다.

　현대 문명이 추구하는 것은 두 가지이다. 이성과 욕망의 추구가 그것
이다. R. 데카르트René Descartes는 말했다. "생각한다. 고로 나는 존재한
다." 데카르트의 관점에서 보자면, 생각을 잘할수록 인간다운 인간임
을 의미한다. '이성적인 존재로서의 인간', 이성은 현대가 바라보는 인
간다움의 첫 번째 요소이다. 인간에 대한 이런 관점은 현대 교육과 현
대 문명 건설에 커다란 영향을 미쳤다.

　현대 교육은 사고력의 육성, 토론을 통해 자기의사를 표현하고 관철
시킬 수 있는 능력의 배양 등 이성적인 인간 교육에 힘을 기울였다. 현
대 문명 건설의 중요한 원리는 '이성적인 사회 건설'이다. 프랑스대혁명
과 러시아, 중국 등의 공산혁명은 모두 '이성적인 사회 건설'을 위한 노
력의 대표적인 사례들이다.

홉스는 말했다. "인간이란 무한한 욕망을 추구하는 존재이다." 홉스의 관점에서 보자면, 욕망을 더 많이 충족시킬수록 인간다운 인간이다. '욕망을 추구하는 존재로서의 인간', 이것은 현대가 바라보는 인간에 대한 또 하나의 강력한 이미지이다. 인간에 대한 이런 관점은 현대교육과 현대 문명 건설에 지대한 영향을 끼쳤다.

현대 교육은 과거 어느 시대보다 직업교육을 강조한다. 직업교육이란 '욕망 충족에 필요한 자원을 확보할 수 있는 능력'을 배양하는 교육이다. '욕망 충족적인 사회 건설', 이것은 현대 문명 건설의 중요한 모토가 되었다. 자본주의사회 건설, 물질주의와 쾌락주의 문화의 확산 등은 모두 여기에 근거하고 있는 것이다.

과학기술교육과 과학과 기술 발달에 대한 염원은 이 두 가지 현대 인간관이 결합된 것이다. 과학기술교육은 이성을 계발하는 교육의 일부이며, 과학과 기술 발달은 과학기술교육에 기반을 두고 있다. 그 결과로 초래되는 과학기술사회는 욕망 충족적인 사회의 또 하나의 모습이다. 현대 교육은 과학기술교육을 강조해왔고, 산업혁명을 위시한 과학기술의 혁명과 발달은 현대 문명 발달의 중요한 양상이 되어왔다.

현대 인간관에 바탕한 현대적인 추구의 결과가 바로 오늘날 인류가 살아가고 있는 현재 사회이다. 현대 문명은 극에 이르렀고, 문명의 극적인 전환을 이루지 못한다면 대파국을 맞이할 수밖에 없는 상황에 이르렀다. 이성과 욕망에 대한 추구, 단단하고 강한 것에 대한 추구가 죽음의 무리가 되는 상황[堅强者 死之徒]에 현대는 직면하고 있는 것이다.

탈현대 사회에서는 무엇을 추구하는가? 영성靈性을 추구한다. 영성이란 인간에 내재해 있는 신령스러운 능력으로, 이것이 표현되면 사랑, 겸손, 용서, 유머 등으로 나타난다. 이 책에서 사용하는 용어로는 '참나'가 바로 영성이다.

탈현대적 관점에서 보면, 인간이란 영성을 갖고 있는 존재이며, 인간다운 인간이란 영성이 깨어나 활동하는 사람이다. 따라서 탈현대 교육은 인간 내면에 자리 잡고 있는 영성을 깨어나게 하는 데 집중된다. 탈현대 문명은 영성이 발현된 사회, 즉 사랑의 사회, 겸손의 사회, 용서의 사회, 유머가 넘치는 사회이다. 영성은 부드럽고 약한 것이다. 영성이 추구되는 사회는 인류가 나아가야 할 미래의 사회이며, 유일한 삶의 길이다[柔弱者 生之徒].

무위의 정치
-太上 下知有之

"공을 이루고 일을 마치되, 백성이 모두 말하기를 저절로 그리
되었다고 한다[功成事遂 百姓 皆曰 我自然]." 『노자』 17장

이 구절은 무위의 정치가 행해지는 탈현대 사회의 모습에 대한 적절
한 묘사일 수 있다. 탈현대 사회의 정치는 대순大順의 정치, 즉 도를 따
르는 정치이다. 그러므로 일을 도모하는 데 있어서 저항이나 마찰이
없다. 사람들은 통치자의 존재조차 잘 알지 못하며, 모든 것이 저절로
그리 되었다고 생각한다.

정치란 무엇인가? 그 사회의 목표를 설정하고 달성해나가는 활동이
다. 특정 사회의 목표는 어떻게 결정되는가? 특정 사회를 지배하고 있
는 인간관에 따라 사회목표는 달라진다. 현대 사회에는 현대 인간관이
팽배해 있다. 현대 인간관의 요체는 자신을 둘러싸고 있는 세계로부터
'분리된 독립된 개체로서의 인간[에고]'이다. 그러므로 현대 정치는 에
고에 기반을 두고 있다. 그래서 현대 정치는 자신의 국가를 더 크고 강
한 나라로 만드는 것, 즉 부강한 국가건설을 목표로 삼는다.

탈현대 사회에는 탈현대 인간관이 지배한다. 탈현대 인간관의 요체
는 온 우주를 자신 안에 품고 있는 '우주적인 존재로서의 인간[참나]'

이다. 그러므로 탈현대 정치는 '참나'에 기반을 두고 있다. 그래서 탈현대 정치는 사랑의 사회를 건설하는 것을 목표로 삼는다.

에고에 바탕을 두는 현대 정치는 인위人爲의 정치일 수밖에 없으며, 인위의 정치는 도에 반하는 대역大逆의 정치가 될 수밖에 없다. 높이 솟구친 파도는 수평면과 수렴하는 길을 걷게 마련이다. 그러나 현대는 '지금보다 더 높은 파도의 건설'을 구호로 삼고 매진한다.

현대인이 더 많은 부와 권력을 추구하듯이, 현대국가는 지금보다 더 큰 부강을 추구한다. 끝없는 경제성장의 추구는 그 대표적인 예이다. 경제성장 그 자체가 목적이 되고, 그 추구는 멈추지 않는다. 거기에는 적정한 선에서의 멈춤이 없다. 마침내 숙주가 죽음에 이를 때까지 암세포가 성장을 계속하듯이, 경제성장의 모태인 환경이 죽음에 이를 때까지 경제성장은 계속 추구될 것이다.

현대의 위정자는 탐욕스러운 사람이고, 이런 탐욕을 채우는 데 유능한 사람이다. 무능한 정치인은 말할 것도 없고, 유능한 정치인이라 할지라도 존경의 대상이 되진 않는다. 정치인과 부도덕한 인간은 오늘날 거의 동의어가 되어버렸다[侮之]. 사람들은 부도덕한 사람을 가리켜 '정치인 같다'고 말한다.

'참나'에 바탕을 두는 탈현대 정치는 무위無爲의 정치이며, 도에 따르는 대순大順의 정치이다. 탈현대인은 부와 권력을 추구하지 않는다. 탈현대 정치도 부강을 추구하지 않는다. 탈현대 사회의 목표는 부강한 사회가 아니라 사랑의 사회이다. 사랑의 사회는 추구를 통해 도달될 수 있는 것이 아니라 '참나'의 자각을 통해 이루어진다.

탈현대의 정치가는 '참나'의 자각을 도와주는 데 유능한 사람이다. 그는 자신의 '참나'를 자각하고 활성화시킨 사랑의 존재이다. 그는 보통 사람들처럼 옷을 입고, 보통 사람들과 같은 집에서 살아간다. 그는 촌로와 같은 모습을 하고 있다. 요임금이나 순임금처럼 사람들은 그의 존재만을 알 뿐이다[太上 下知有之].

베트남의 혁명가였던 호치민胡志明은 전후 통치권자가 되고 나서도 무척 검소한 생활을 했다고 한다. 그는 한 켤레의 신발만을 갖고 있었으며, 소박한 집에 살았다. 그는 국민들을 무척 사랑했으며, 국민들 또한 그를 지극히 사랑하고 존경했다. 호치민은 현대를 살다 간 탈현대 정치가의 한 사람이 아닐까?

Let It Be
―治大國 若烹小鮮

"큰 나라 다스리기를 작은 물고기 조리듯이 하라[治大國 若烹小鮮]."

『노자』 60장

『맹자孟子』에 나오는 조장助長의 고사가 바로 이에 해당한다. 송宋나라 어느 마을에 성질이 급한 농부가 살고 있었다. 논에다 벼를 심기는 했는데, 그것이 자라나 벼이삭이 달릴 때까지 기다려야 한다고 생각하니 답답하기 짝이 없었다. 골똘히 궁리를 하던 그는 논에 들어가 벼포기를 하나하나 뽑아 올렸다. 물론 다음 날 벼는 축 늘어져 모두 죽어버렸다.

성장을 위해서는 '깊은 관심 속에서의 무관심'이 필요하다. 즉, 성장할 수 있도록 기회를 주는 것이 필요하다. 조바심을 내면서 프라이팬 위의 작은 생선을 자주 뒤척거린다면, 생선은 다 부서지고 먹을 것이 없어질 것이다. 이것은 사회생활의 모든 영역에 적용될 수 있다.

자녀교육에서 가장 중요한 것은 자녀 스스로 인생의 실패와 시행착오를 경험하면서 성장할 수 있는 공간을 주는 것이다. 간섭이 심한 부모 밑에서 자라는 자녀들의 마음속 절규는 이것일 것이다. '그냥 저에게 맡겨 주세요.' 만일 그 아이가 저항하지 않는다면, 그 아이의 성장이 멈출 것이다. '내 아이만은 인생의 어떤 쓰라림도 느끼지 않게 해주겠어!' 하고 당신이 결심했다면, 당신의 자녀는 불행해질 것이고 성장하지 못할 것이다. 실패와 좌절의 경험이 아이들이 진정한 성장을 이루는 데 꼭 필요한 영양소임을 부모들은 알고 있어야만 한다.

배우자와의 관계에서도 상대편에게 숨 쉴 공간을 주는 것이 중요하다. 남편이건 아내이건 가장 싫어하는 배우자의 유형은 '간섭이 심한 배우자'일 것이다. '간섭이 심한 배우자'는 자신이 배우자의 생기를 빼앗고 서서히 죽여가고 있음을 모른다. 자유야말로 사랑이 자랄 수 있는 옥토임을 그는 모르고 있는 것이다. 또한 '상대편이 이렇게 또는 저렇게 하는 것이 옳다'고 생각하는 순간, 나는 이미 틀렸음을 자각해야 한다.

역사를 뒤돌아보면, 큰 학자의 문하에서는 큰 학자가 나오지 않는다. 큰 학자는 뜻하지 않은 곳에서 나타나는 것을 흔히 본다. 왜냐하면 큰 학자는 제자들이 자유롭게 사색하면서 자신의 사상을 키워갈 수 있는 공간space을 주기 어렵기 때문이다. 마르크스, S. 프로이트Sigmund Freud, C. R. 다윈Charles Robert Darwin 등과 같은 대사상가는 누가 그들의 스승이었는지 우리는 알 수 없다.

특히 큰일을 도모할 때는 조급증을 내지 않고, 때가 무르익기를 기다릴 수 있는 인내심이 필요하다. 도쿠가와 이에야스德川家康는 어려움을 참고 때가 무르익을 때까지 인내한 덕분에 마침내 대업을 이룬 대표적인 인물이다.

현 인류에게 부여된 가장 큰일은 현대 문명으로부터 탈현대 문명으로의 대전환을 이루는 것이다. 사회학자는 열심히 현대 문명의 근원적인 위기의 본질을 규명하고, 새로운 문명의 비전을 제시하며, 새로운 문명으로의 전환을 이룰 수 있는 방법을 모색해야 한다.

그러나 이와 더불어서 해야만 할 꼭 필요한 일이 있다. '때가 무르익기를 기다리는 것'이다. 만일 조급한 마음으로 서두른다면, 불필요한 많은 대가를 치를 것이며, 또한 문명 대전환은 더 늦춰질 것이다.

문명 대전환을 위해서는 엄청난 에너지가 필요하다. 이 에너지는 어디에서 오는가? '현대 문명과 현대적 삶에 대한 불만', 이것이 문명 대전환을 위한 에너지가 된다. 모든 사람들이 '지금 이대로는 못살겠어!'라고 절규하게 될 때, 문명 대전환의 기운이 무르익게 된다. 사회학자는 열심히 미래를 준비해야 하지만, 조장을 통해 미래를 만들 수는 없다. 그러므로 때가 무르익을 때까지 참고 기다리는 것, 이것이 사회학자가 감당해야 할 한 가지 임무이며, 『노자』 60장이 현시대의 깨어 있는 사회학자에게 주는 교훈이다.

무사無事의 사회질서
-我無爲而民自化

"내가 아무 일도 하지 않아 백성이 스스로 교화되고, 내가 고요
함을 좋아하여 백성은 스스로 바르게 되고, 내가 아무 일도 꾀
하지 않아 백성이 스스로 부유하고, 내가 욕심을 부리지 않아
백성이 스스로 소박하다[我無爲而民自化 我好靜而民自正 我無事
而民自富 我無欲而民自樸]."   『노자』 57장

이 구절에서 우리는 도모함의 중지[無爲]를 통해 형성되는 새로운
사회질서의 가능성을 엿볼 수 있다.

현대 사회에서 사회질서를 유지하는 방식은 세 가지이다. 첫째, 법률
의 제정과 집행을 통한 사회질서 유지의 방법이 있다. 둘째, 규범의 내
면화를 통한 사회질서 유지의 방법이 있다. 셋째, 각자 자신의 욕망을
추구하는 가운데 사회질서가 형성될 수 있다는 자유방임적인 사회질
서 유지의 방법이 있다.

그런데 이 세 가지는 모두 결함을 갖고 있다. 첫 번째 방법의 결함에
대해 노자는 "법령이 더욱 밝아지면 도적이 많아진다[法令滋彰 盜賊多
有]"라고 지적하고 있다. 전국시대 말에 법가 사상가들은 이런 사회질
서를 실험했고, 큰 성공을 거두는 듯했으나, 결국 대실패로 끝났다. 오

랜 세월 지속한 한고조 유방이 진을 무너뜨리고 실시한 최초의 조치는 약법삼장約法三章이었다. 즉 번잡한 진의 법을 모두 폐지한 것이다. 법과 처벌을 통한 사회질서의 방법이 안고 있는 근본적인 한계는 피처벌자의 변화를 이룰 수 없다는 점이다.

두 번째 방법의 결함에 대해 노자는 "천하에 꺼리고 못하게 하는 것이 많으면 백성은 더욱 가난해진다[多忌諱 而民彌貧]"라고 지적하고 있다. 여기에서 가난해진다는 것은 단순히 경제적인 의미만이 아닐 것이다. 사회적 규제가 강화되면 될수록 욕망에 대한 억압이 심화되며, 사람들의 문명에 대한 불만족은 더욱 심해진다. 프로이트는『문명과 불만』에서 사회에 의해 구조적으로 생성되는 불행과 고통을 잘 분석하고 있다.

세 번째 방법의 결함에 대해 노자는 "백성들에게 문명의 이기가 많아지면 나라는 더욱 어지러워진다[民多利器 國家滋昏]"라고 말하고 있다. 이것은 현대 자본주의사회에서의 전형적인 질서유지 방법이다. 자유로운 욕망 추구의 결과 형성되는 '약육강식의 질서'가 바로 이것을 의미하는데, 사실 이것은 질서가 아니라 무질서이다. 이런 시스템 아래서는 사회적 약자들이 많은 고통과 불행을 감내해야 한다.

그렇다면 탈현대 사회에서 사회질서를 유지하는 방법은 무엇일까? 현대 사회질서론의 바탕에는 '욕망을 추구하는 존재로서의 인간'이 자리 잡고 있다. 이와 반대로 탈현대 사회질서론의 바탕에는 '욕망을 추구하지 않는 존재로서의 인간'이 자리 잡고 있다. 탈현대인에게도 욕망은 있다. 그러나 탈현대인은 욕망을 추구하지 않는다. 또한 샘물이 끊임없이 솟아나듯이, 탈현대인에게는 선의善意가 끊임없이 솟아난다. 도덕적인 또는 규범적인 행위가 이루어지는 매카니즘이 현대 사회에서는 욕망에 대한 억압과 규제를 통한 것이다. 하지만 탈현대 사회에서는 자발적인 선의가 도덕적인 행위의 원천이 된다.

　바로 이런 탈현대 사회에서의 사회질서를 노자는 다음과 같이 설명한다. 노자가 제시하는 사회질서 유지의 방법은 "일 없음으로써[以無事]"이다. 무사無事란 무위無爲이다. 무위란 도와 어긋나는 인위적인 욕망의 추구를 중지하는 것이다. 무위하면 사회질서는 저절로 수립된다. 노자는 이를 네 가지로 나누어 말했다. "내가 아무 일도 하지 않으면 백성은 스스로 교화된다[我無爲而民自化]." "내가 고요함을 좋아하면 백성은 스스로 바르게 된다[我好靜而民自正]." "내가 아무 일도 꾀하지 않으면 백성은 스스로 부유하게 된다[我無事而民自富]." "내가 욕심을 부리지 않으면 백성은 스스로 순박해진다[我無欲而民自樸]."

자녀를 자유롭게 하는 사회
-生而不有

"낳았으되 소유하려 하지 않고, 이루어주었으되 뽐내지 않으며, 길러주었으되 맘대로 부리려 하지 않으니, 이를 일컬어 그윽한 덕이라고 한다[生而不有 爲而不恃 長而不宰 是謂玄德]." 『노자』 51장

이 구절은 진정한 사랑이란 무엇인가에 대한 노자의 간결하면서도 명석한 서술이다. 또한 이것은 사랑의 사회로서의 탈현대 사회에 대한 좋은 묘사이다.

탈현대 사회는 사랑의 사회이다. 사랑의 사회로서 탈현대 사회는 여러 가지 모양으로 나타나는데, 『노자』 51장에서는 그 세 가지 핵심을 들어 말하고 있다. '낳되 소유하지 않는 사회', '이루어주되 뽐내지 않는 사회', '길러주되 부리지 않는 사회'가 바로 그것이다.

사랑의 사회의 한 가지 양태는 '낳되 소유하지 않는다[生而不有]'이다. 부모는 자녀를 낳는다. 현대 사회에서 많은 부모는 자녀를 소유하려 한다. 자기가 옳다고 생각하는 대로 자라기를 바라고, 자기가 옳다고 생각하는 인생의 길을 걸어갈 것을 강요하는 부모도 많다. 내성적인 아이의 성격을 외향적으로 개조하려는 부모도 있고, 음악의 길을 걷고자 하는 아이에게 회사 취직을 강권하는 부모도 있다. 이런 부모

들은 '자신이 자녀에게 무엇이 최선인가를 알고 있다'고 생각한다. 이런 간섭과 강제는 고통을 낳으며, 결국 부모와 자녀 간의 관계를 훼손한다.

탈현대 사회에서 부모는 자녀가 나를 통해 이 세상에 온 것은 사실이지만 '나의 것이 아님'을 자각하고 있다. 부모는 인격의 주체로서 자녀를 존중하며, 자녀가 필요로 하는 도움을 제공하지만, 자녀의 자유로운 삶을 속박하려 하지 않는다. 부모는 자녀가 스스로 인생을 경험하면서 성장해갈 수 있도록 자녀에게 공간을 준다. 자녀를 자유롭게 하는 부모의 사랑, 이것이 자녀를 성장하게 하고, 행복하게 하며, 사랑과 존경심이 넘치는 부모와 자녀 간의 관계를 굳건히 해준다.

사랑의 사회로서 탈현대 사회의 또 한 가지 양태는 '이루었으되 뽐내지 않는다[爲而不恃]'이다. 현대인은 이와 반대이다. 얼굴이 조금만 예뻐도 도도하고, 돈이 조금만 많아도 말씨에 힘이 들어간다. 갓 취직된 한 젊은 교수가 기브스를 한 듯 목을 빳빳이 세우고 걸어가는 모습을 보며 웃은 적이 있다. 뽐내는 이들은 아름다운가? 아니 추하다. 필자가 생각하는 최고의 추녀는 자신의 멋진 외모에 대한 자의식에 가득 차 있는 여인이다.

탈현대 사회에서는 성취를 하고서도 그것을 뽐내지 않는다. 성취는 저작의 완성일 수도 있고, 새로운 발명일 수도 있으며, 작물의 수확일 수도 있다. 그 성취한 것이 무엇이던 탈현대인은 영원한 시간과 무한한 공간에 빗대어 그 성취를 바라본다. 그래서 탈현대인은 자신의 성취에 우쭐하는 자신을 향해 미소 지으며, 미소 짓는 순간 그는 자신의 성취로부터 자유로워진다.

사랑의 사회로서 탈현대 사회의 또 하나의 양태는 '길러주되 주재하려 하지 않는다[長而不宰]'이다. 현대 사회에서 보면, '내가 너를 취직시

켜주었잖아', '내가 너를 승진시켜주었잖아', '내가 너에게 사업 밑천을 대주었잖아'라고 하면서, 자신의 도움을 받은 사람에 대해 권력을 행사하려 하는 사람이 많다. 이렇게 주재하려 하면 어떻게 될까? 그는 공을 잃는다. 그리고 자신이 도와준 사람에게서 배신감을 느끼고 불행해진다.

　탈현대인은 그렇게 하지 않는다. 탈현대인은 도움을 필요로 하는 사람에게 그가 필요로 하는 도움을 베풀 뿐, '내가 도와주었다'라는 생각이 없다. 그래서 그들은 자유로운 가운데 관계를 발전시켜간다.

11.

탈현대 사회상 6
-약자존중의 사회

현대가 강함을 추구하는 강자의 사회임에 반해서, 탈현대는 약한 것이 존중받는 약자 존중의 사회이다. 탈현대 사회에서는 보통 사람들에 비해 좀 부족한 점이 있는 사람도 사회로부터 존중받으며 행복한 삶을 영위할 수 있다. 그래서 탈현대 사회는 낙오자가 없는 사회이다. 탈현대 사회는 낮추기를 잘하는 겸겸군자(謙謙君子)의 사회이다. 뛰어난 능력을 갖춘 사람들은 자신의 빛을 부드럽게 해서 티끌과 하나가 되는 사회이다.

부드럽고 약한 탈현대 문명
-柔弱 勝剛強

"부드럽고 약한 것이 단단하고 강한 것을 이긴다[柔弱 勝剛強]."

『노자』 36장

부드럽고 약한 물이 단단한 바위를 뚫는 모습, 부드러운 햇빛이 단단한 얼음산을 녹이는 모습, 부드러운 바람이 단단한 지형을 바꾸어놓는 모습 등을 노자는 관찰했을 것이다. '도법자연道法自然', 자연을 본받은 도는 인간의 삶에도 사회에도 관철된다. 그래서 노자는 '유약의 철학'의 주창자가 되었다. 그리고 유약의 철학에는 단단한 현대 문명을 넘어설 수 있는 비책이 담겨 있다.

현대 문명의 목표는 부강한 사회를 건설하는 것이었다. 부강한 사회란 강강剛強한 사회이다. 현대 문명이 추구하는 부강이란 좋은 것인가, 나쁜 것인가? 그 자체로만 보자면 부강은 분명히 좋은 것이다.

그러나 부강 그 자체가 궁극적인 목표가 될 수는 없다. 왜냐하면 부강이란 좋은 세상을 이루기 위한 수단이 될 수 있지만, 그것이 좋은 세상 그 자체를 의미할 수는 없기 때문이다. 부유하다는 이유만으로 그가 인간다운 삶을 살아가고 있다고 말할 수 없는 것처럼, 특정 사회가 부강하다는 이유만으로 그 사회가 좋은 사회라고 말할 수는 없는 것이다.

정리하면 부강은 수단의 영역이며, 결코 목적의 영역이 될 수 없다. 그러나 현대적인 삶과 사회에는 이것이 목적의 영역에 속해 있으며, 궁극적인 추구의 대상으로 자리 잡고 있다. 부강이 문제인 것이 아니라 부강이 이렇듯 삶과 사회의 목표가 되어 이를 추구하고 있다는 현 상황이 문제인 것이다.

이미 2,500년 전에 공자는 위의 생각을 명확히 했다. 공자가 위衛나라에 갔을 때, 수레를 몰던 염유冉有가 거리에 백성들이 많음을 보고 이렇게 물었다. "이미 백성들이 많으면 또 무엇을 더하여야 합니까?" 이에 공자는 두 글자로 답했다. "부유하게 해주어야 한다[富之]." 염유가 다시 물었다. "이미 부유해지면 또 무엇을 더하여야 합니까?" 이에 또 공자는 두 글자로 답했다. "교육을 해야 한다[敎之]." 백성들을 부유하게 함은 좋은 사회 건설의 중요한 요건이기는 하지만 궁극적인 목표가 아님을 분명히 한 것이다.

현대 사회의 근본적인 문제의 하나는 바로 이런 수단과 목적의 전도의 문제이다. 부강이란 궁극적인 목적이 아니라 이상적인 사회에 도달하기 위한 기초에 불과한 것이다. 그러므로 부강이란 적정한 선에서만 추구되어야 하며, 부강에 대한 추구가 궁극적인 목적과 위배되어서는 안 된다. 그러나 현실을 돌아보면, 부강이 궁극적인 목적의 자리를 차지하고서 무제한적으로 추구됨으로써 많은 사회문제들이 발생하고 있다.

부강의 추구는 그 과정에서도 많은 문제를 야기한다. 어떻게 부강한 사회를 건설할 것인가? 경쟁과 갈등이 그 주된 방식이다. 경쟁과 갈등은 강강剛强한 방식이다. 다시 말하자면, 현대 문명은 강강剛强한 방식으로 강강剛强한 사회를 건설하고자 해왔다.

현대는 부유하고 강한 국가를 지향한다. 모든 개인과 개인, 집단과 집단 간의 무한경쟁은 현대가 부강한 사회를 건설하는 주된 방식이다. 기술 경쟁력 강화, 경쟁력 있는 인재의 배출 등은 우리가 자주 듣는 말이다. 군사력의 증대나 보복 공격 등은 강한 국가 건설의 방법이다.

모든 국가가 강강剛强한 방식으로 강강剛强한 사회 건설을 추구한 결과, 인류 문명은 커다란 위험에 직면하게 되었다. 강강剛强한 현대 문명은 이제 건설의 목표가 아니라 극복의 대상이 되었다. 어떻게 강강剛强한 현대 문명을 넘어설 것인가? 어둠으로 어둠을 없앨 수 없듯이, 얼음을 부수어 봄에 이를 수 없듯이, 강강剛强으로 강강剛强한 현대 문명을 넘어설 수는 없다. 오직 용서, 관용, 포용, 사랑과 같은 유약柔弱을 통해서만 우리는 유약柔弱한 탈현대 문명에 도달할 수 있다.

약한 것이 존중받는 사회
-大國以下小國

"큰 나라는 작은 나라 아래로 내려가야 한다[大國以下小國]."

『노자』 61장

크고 강한 것이 작고 약한 것의 아래에 위치하는 사회, 이것이 바로 탈현대 사회의 모습이다.

현대 사회는 어떠한가? '크고 강한 것이 작고 약한 것의 위에 군림하는 사회', 이것이 현대 사회의 자화상이다. 미국은 중동 위에 군림하려 하고, 부자는 가난한 사람 위에 군림하려 하며, 권력자는 힘없는 대중 위에 군림하려 한다. 그 결과 현대 사회에는 끊임없이 많은 고통이 생겨나고 있다.

F. 도스토예프스키Fyodor Mikhailovich Dostoevskii의 『카라마조프가의 형제들』에는 이런 이야기가 나온다. 가난한 퇴역대위인 아버지 스네기료프가 장터에서 드미트리에게 수염을 잡혀 끌려다니는 것을 일류사가 목격한다. 일류사는 사랑하는 아버지가 여러 사람 앞에서 모욕당하는 모습을 보고 큰 충격을 받아 병이 든다. 그리고 마침내 죽는다. 이 이야기 중에 도스토예프스키는 이렇게 말한다. "가난한 집의 아이는 6살만 되면 정의가 무엇인지 안다." 현대인은 누구나 힘 있는 자의

횡포로 울분을 느끼는 경험을 하며, 그러므로 이 말을 쉽게 이해할 수 있다.

현대인은 왜 이렇게 힘에 매료되며, 군림하고자 하는가? 현대인은 자신이 본래 갖고 있는 엄청난 힘에 대해 무지하다는 것이 그 이유이다. 오히려 현대인은 심한 무력감에 시달리며, 하찮기 그지없는 금력이나 권력을 얻기 위해 인생을 허비한다. 그것을 얻은 자는 군림을 통해 자신의 무력감을 해소하고자 한다. 히틀러나 스탈린 같은 인물은 현대의 극단에 위치해 있는 광인들이다.

탈현대 사회는 이와 다르다. 탈현대인은 자신이 갖고 있는 엄청난 힘을 자각하고 있다. 탈현대인이 갖고 있는 힘은 금력이나 권력과 같이 하찮으며 거짓된 힘이 아니라 진정한 힘이다. 그것은 용서할 수 있는 힘, 용서를 빌 수 있는 힘이며, 자신보다 약한 사람의 아래에 위치할 수 있는 힘이다.

현대 사회와 달리, 탈현대 사회에서는 약한 것을 존중하는 가운데 이루어지는 윤리적인 사회질서가 형성된다. 탈현대 사회에서 약한 것은 더 이상 멸시나 지배 또는 착취를 당해 마땅한 요건이 되지 않는다. "큰 나라가 마땅히 아래로 내려가야 한다"라는 노자의 말은 탈현대 사회질서를 대변하는 말이다.

크고 강한 것이 어떻게 작고 약한 것의 아래에 위치할 수 있는가? 상대의 세계에서 보면, 큰 것은 큰 것이고 작은 것은 작은 것일 뿐이다. 그러나 영원과 무한의 눈으로 보면, 크다거나 강한 것은 별 것이 아니다. 큰 것은 영원과 무한에 빗대어 보면 아주 작은 것이다. 반면에 작은 것은 어마어마하게 큰 것이다. 왜냐하면 작은 것은 영원과 무한을 자신 안에 품고 있기 때문이다.

그러므로 영원과 무한의 눈으로 모든 것을 바라보는 탈현대 사회에서는 크고 강한 것의 오만함과 작고 약한 것의 비굴함이 성립하지 않는다. 탈현대 사회에서 크고 강한 존재는 크고 강한 그대로 자신을 낮출 수 있으며, 작고 약한 존재는 작고 약한 그대로 자신을 높일 수 있다. 다시 말하자면, 크고 강한 존재도 작고 약한 존재도 있는 그대로 겸손할 수 있는 것이다. 그래서 탈현대 사회에서는 크고 강한 존재가 기꺼이 작고 약한 것의 아래에 위치할 수 있다. 그리고 이것은 영속적으로 평화로운 사회의 군건한 기초가 된다.

불초자들의 사회
-我道大似不肖

"내 도는 커서 도 같지 않은 듯하다[我道大似不肖]."   『노자』 67장

불초不肖란 못나고 어리석은 사람을 의미하며, 탈현대 사회는 불초자들의 사회이다. 어떤 의미에서 그러한가? 현대인의 눈으로 탈현대인과 탈현대 사회를 바라볼 때 그러하다.

현대 사회에는 똑똑한 사람이 많다. TV 토론을 보면 출연자 모두가 '참 똑똑하다'는 생각이 든다. 상대편의 작은 허점도 놓치지 않고 파고든다. 아이들도 말을 걸어보면 우리 어릴 때보다 많이 똑똑해졌다는 생각이 든다. 아이들도 어른들도 무척 똑똑한데, '현대인은 왜 불행한 것일까?'

탈현대 사회는 도인들의 사회이다. 그런데 도인이란 사람들이 도인다워 보이지 않는다[似不肖]. 위풍당당하지도 않고, 작은 일에 쩔쩔매기도 하며, 불안 초조해서 안절부절못하기도 한다. 현대인은 생각한다. '아니, 저런 사람이 무슨 도인이란 말인가!' 육조六祖 혜능惠能은 이렇게 말했다. "내 마음속에는 번뇌가 죽 끓듯 한다." '여자 생각', '맛있는 음식 생각', '누군가를 원망하는 마음', '후회스러운 마음', '집착하는 마음', '화나는 마음' 등이 내 마음속에 끓어오른다는 것이다.

내 마음공부의 스승인 김기태 선생님은 도인이다. 그러나 선생님은 도인다워 보이지 않을 때가 많다. 말문이 막혀서 쩔쩔맬 때도 있고, 해괴한 생각이 머리에 떠오를 때도 있다. 낯선 사람을 만났을 때 어쩔 줄 몰라 하기도 하고, 때로 돈벼락을 맞는 상상을 할 때도 있다.

그렇다면 도인[탈현대인]과 중생[현대인]의 차이는 무엇일까? 그 차이는 어떤 욕망, 생각, 감정 등이 떠오르느냐 아니냐가 아니고 거기에 속박되느냐 아니냐 하는 점이다. 중생은 어떤 것에도 속박된다. 화가 나면 화의 노예가 되고, 불안한 마음이 올라오면 불안의 노예가 되며, 근심스러운 생각이 들면 근심의 노예가 된다. 화나 불안, 근심의 노예가 되는 순간, 이것들은 큰 힘을 갖고 우리를 지배하며, 빠져나오기 힘든 불행의 나락에 빠져든다.

도인에게도 드물게 이런 욕망, 생각, 감정 등이 떠오른다. 하지만 그런 것이 마음에 생겼다 사라질 뿐, 도인은 그런 것의 노예가 되지 않는다. 화가 나면, 그는 화가 난 자신[에고]을 바라보며 미소 짓는다. 그는 화가 진정한 내[참나]가 아니라 나를 찾아온 손님임을 안다. 그래서 반갑게 화를 맞이하고 자신 안에 편안히 머물도록 허용한다. 그리고 화가 난 자신을 다정하게 품어준다.

왜 도인에게도 이런 욕망, 생각, 감정 등이 떠오르는 것일까? 그에게 에고가 남아 있기 때문이다. 도가 높아질수록 이런 것들이 떠오르는 빈도도 줄어든다. 그러나 아무리 도가 높아지더라도 에고가 완전히 사라지는 것은 아니다. 그러나 도인의 경우는 삶의 주체가 이미 에고로부터 '참나'로 바뀌었다. 그래서 이런 것들이 마음에 떠올라도, 그는 이런 모든 것에 물들지 않는다.

현대인의 눈으로 보면 탈현대인은 여전히 불초자를 벗어나지 못한 것 같다. 그러나 근본을 보면, 탈현대인은 이미 불초자가 아니며, 그들은 이런 모든 것이 올라오더라도 이런 모든 것에 속박되지 않고 대자유인으로서의 삶을 살아간다.

김기태 선생님은 나[현대인]보다 훨씬 깊이 상대편의 이야기를 들어준다. 상대편의 일그러진 모습 안쪽에 자리 잡고 있는 그의 상처를 볼 수 있으며 어루만져줄 수 있다. 삶의 힘겨움에 지친 사람에게는 격려와 위로의 말을 들려줄 수 있다. 자신에게 주어진 것에 깊이 감사하면서, '지금 여기'에 머물 수 있다.

바보들의 세상
-善爲道者

"옛적에 도를 잘 실천하는 사람은 백성을 밝게 하지 않고 어수
룩하게 하고자 했다[古之善爲道者 非以明民 將以愚之]."

『노자』 65장

『노자』 65장에는 '도를 잘 실천하는 사람[善爲道者]'이란 구절이 나
오는데, 탈현대 사회란 '도를 잘 실천하는 사람들'로 구성된 사회이다.
그렇다면 노자가 말하는 '도를 잘 실천하는 사람'이란 어떤 사람일까?
그는 더 이상 에고가 자신의 삶의 주체이기를 멈추고, '참나'가 주체가
되어 살아가는 사람이다. 그에겐 야만과 아집이 깨끗하게 비어져 있다.
그 빈자리에 진정한 겸손과 사랑이 충만한 사람, 그가 바로 현묘한 덕
[玄德]을 지닌 자이며, 바로 탈현대인이다.

현대적인 관점에서 보자면, 탈현대인[善爲道者]은 바보이며, 탈현대
사회는 바보들의 세상이다. 누가 자신에게 손해를 끼치면, 그들은 '허
허허' 하며 손해를 입을 뿐이다. 누가 자신을 미워하면, 그들은 '음, 나
는 미움을 받을 만해.' 하며 미움을 받아들인다. 누가 자존심에 상처를
주면, 그들은 '상처받아 무너져 내리는 자존심을 지켜볼 뿐' 자존심의
회복을 위해 애쓰지 않는다. 늙어가면서도, 심지어 죽음에 직면해서도,

그들은 '아, 참 좋다!' 하며 탄성을 발한다.

그러나 탈현대적인 관점에서 보면, 현대인이야말로 바보이며, 현대 사회는 바보들의 세상이다. 누가 자신에게 손해를 끼치면 현대인은 소스라치듯 놀라면서 고통을 겪고, 어떻게 해서든 손해를 만회하려 아등바등한다. 누가 자신을 미워하면 현대인은 금방 불행해지며, 미움 받는 것에서 벗어나려 하거나 미움을 되돌려주려 한다. 누가 자존심에 상처를 주면 현대인은 칼에 찔린 듯 상처를 입고, 어떻게 해서든 자존심을 회복하려 애쓴다. 늙어가면서도, 죽음에 직면해서도, 현대인은 추하고 고통스럽게 늙어가며 비참하게 죽어간다.

동일한 자극에 대해 탈현대인과 현대인이 이렇게 상반된 반응을 하는 이유는 무엇일까? 삶의 주체가 다르기 때문이다. 탈현대인의 삶의 주체는 '참나'이며, 현대인의 삶의 주체는 에고이다. 에고가 삶의 주체가 되는 현대인에게는 '손해를 입는 것', '미움을 받는 것', '자존심의 상처를 입는 것', '늙고 죽는 것', 이 하나하나가 심각한 일이고 고통스러운 일이다. 왜냐하면 이것들 모두는 나 자신인 에고를 훼손하는 일이기 때문이다.

탈현대인에게 이것들 모두는 무엇일까? 아무것도 아니다. 하늘(참나)에 이런저런 구름(에고의 상처)이 생겼다 사라지는 것, 바다에 크고 작은 파도가 생겼다 사라지는 것과 같이, 그냥 아무 일도 아니다. 더군다나 이렇게 에고를 훼손하고 에고에 상처를 주는 이런 사건들로 인해 에고가 균열이 난 틈으로 '참나'가 자신의 빛을 발할 수 있는 좋은 기회가 주어진다. 그래서 현대인의 눈으로 보면, 탈현대인은 바보처럼 에고로서의 자신이 겪는 모든 불행과 고통 앞에서 '아, 참 좋다!'를 연발하는 것이다.

김현준은 경봉선사의 삶을 엮은 책 제목을 『바보가 되거라』로 붙였다. 이 책에서 서술된 이런 이야기가 있다. 실제로 잘못한 것이 없는데 누가 자기를 보고 나무라면, "예, 제가 잘못했습니다"라고 말하면서 절을 하라는 것이다. 현대인으로선 도저히 받아들일 수 없는 제안이다. 왜 그렇게 하면 좋은 것일까? 내 마음속을 가득 채우고 있는 '잘못한 것이 없는 나[에고]'를 녹여버릴 수 있기 때문이라는 것이다. 경봉스님은 이렇게 말했다. "이유 없는 참회는 바보의 행위일지 모르지만, 바보가 될 때 모든 업장은 해탈과 자유의 문門이 열리는 것이다."

현대인이 바라본 탈현대 사회
- 下士聞道大笑之

"상사는 도를 들으면 힘써 그대로 행하고, 중사는 도를 들으면 긴가민가하며, 하사는 도를 들으면 크게 웃는다[上士聞道 勤而 行之 中士聞道 若存若亡 下士聞道 大笑之]. 그가 웃지 않으면 족히 도가 될 수 없다[不笑 不足以爲道]." 　　『노자』 41장

이 구절의 핵심은 '하사下士는 도를 들으면 크게 웃는다'이다. 물론 그의 웃음은 비웃음이다. 공자마저도 시대 속에서 조롱거리가 되었는데 노자는 오죽하였겠는가! '그가 웃지 않으면 족히 도가 될 수 없다[不笑 不足以爲道]'는 말은 벽창호와 같은 시대와 맞섰던 노자의 한탄이며, 또한 자신의 시대에 대한 조소이다. 이것은 모든 선각자들이 직면해야만 했던 운명인 듯하다.

현대 사회는 하사下士들의 사회이다. 하사란 누구인가? 하사란 '분리된 개체로서의 나[에고]'가 진짜 '나'라고 생각하는 사람이다. 즉, 하사란 현대 인간관의 관점에서 인간을 바라보는 사람이며, 이는 곧 현대인이다. 현대인의 관점에서 보면 도는 허황된 것이다. 현대인은 생각한다. '아니 도로 무슨 이익을 볼 수 있는 것도 아니고 먹을 수 있는 것도 아닌데, 도를 신주단지마냥 여기다니 참으로 가소로운 일이군.' 그러므로

도를 깨닫기 위한 노력이란 허무맹랑한 것이다. 그래서 도를 들으면 현대인은 크게 웃는다[下士聞道 大笑之].

현대인의 세계는 형식논리학이 지배하는 사회이다. 형식논리학은 'A는 A이다'라는 동일률, 'A는 A가 아닌 것이 아니다'라는 모순율, 'A는 A이며, A가 아닌 것이 아니다'라는 배중률로 이루어져 있다. 형식논리학은 현대인의 전형적인 세계인식 틀이다. 예를 들어 형식논리학적인 관점에서 보면, '낮은 것은 낮은 것이며 높은 것이 아니다.'

그러나 십자가의 성 요한은 이렇게 썼다.

나는
점점 더 낮은 곳으로 내려가
마침내 가장 높은 곳에 도달할 수 있었다.

현대인에게는 이 말이 이해 불가능한 것이다. 현대인이 이 말을 듣는다면, 이 말은 말 같지 않은 말이어서 큰 웃음만 나올 뿐이다. '어떻게 점점 더 낮은 곳으로 내려가서, 가장 높은 곳에 도달할 수 있다는 말인가!'

노자는 말한다. "앞으로 나아가는 도는 뒤로 물러나는 것처럼 보인다[進道若退]." "평탄한 도는 울퉁불퉁한 것같이 보인다[夷道若]." "아주 깨끗한 것은 더러운 것 같다[太白若辱]." 어찌 현대인[下士]이 이 말을 듣고 크게 웃지 않을 수 있겠는가! 어찌 연작이 대붕의 날갯짓을 보고 크게 웃지 않을 수 있겠는가!

현대인의 눈으로 본 탈현대 사회는 한마디로 말도 안 되는 사회, 큰 비웃음만 터져 나오는 사회이다[下士聞道 大笑之]. '사지가 멀쩡한 장정들이 빈둥거리며 한가롭게 소일하는 사회', '부지런히 일하고 열심히 저축하는 모범적인 시민을 이상하다는 듯이 바라보는 사회', '처벌받아 마땅한 죄를 지은 사람을 용서해주고 따뜻하게 품어주는 사회', '허름한 옷을 입고서도 도대체 부끄러워할 줄 모르는 사람들의 사회', '게임에 지고서도 바보스러운 웃음을 짓는 사람들이 사는 사회', 이것이 바로 현대인의 눈으로 바라본 탈현대 사회의 모습이다.

탈현대인의 사회적 성격

-上善若水

"최상의 선은 물과 같아서 만물을 이롭게 하면서도 다투지 않으며 뭇사람이 싫어하는 곳에 거처한다[上善若水 水善利萬物而不爭 處衆人之所惡]."

『노자』 8장

상선약수 장은 탈현대인의 겸손한 성격과 삶의 모습을 잘 형상화하고 있다.

현대인은 겸손하지 않다. 왜 겸손하지 않을까? 겸손할 수 없기 때문이다. 현대인은 파도가 나라고 생각한다. 자아확장투쟁으로서의 삶을 통해서 자신의 파도가 솟아오른 높이를 자신의 가치와 동일시한다.

높이 치솟아 오르는 데 성공한 파도는 자신을 너무 대단하게 여긴다. 엄청난 부와 명예를 얻은 스포츠 스타, 인기의 정점에 있는 연예인, 큰 권력을 쥐고 있는 독재자, 엄청난 재산을 소유하고 있는 재벌 총수 등과 같은 경우가 거기에 해당한다. 그들의 눈으로 보면, 저 아래에서 헤매고 있는 사람들은 너무 하찮아 보인다. 마음속에서부터 자신을 그들보다 더 낮추는 것은 불가능한 일이다. 그래서 그들은 겸손할 수 없으며, 오만할 수 있을 뿐이다.

반면에 높이 치솟는 데 실패한 낮고 작은 파도는 자신을 너무 보잘것없이 여긴다. 가난한 실업자, 병든 노인, 왕따를 당하는 아이, 명문대 입학에 실패한 수험생 등이 여기에 해당한다. 세상은 그들을 하찮은 사람으로 취급한다. 뿐만 아니라 그들 자신도 스스로를 하찮게 여긴다. 그들이 마음속에서부터 자신을 높이 솟아오른 파도보다 더 높이는 것은 불가능한 일이다. 그래서 그들은 겸손할 수 없으며, 비굴할 수 있을 뿐이다.

탈현대인은 진정으로 겸손할 수 있다. 왜냐하면 탈현대인은 자신의 가치를 자신이 오른 파도의 높이와 동일시하지 않기 때문이다. 탈현대인은 자신의 가치가 파도의 높이를 훨씬 넘어서 있는 존재임을 자각하고 있다. 상대편을 바라보는 시각도 마찬가지이다. '나와 너는 모두 존귀한 존재이다.' 이것이 탈현대인이 나와 너를 바라보는 시선이다. 그래서 그는 높은 곳에 있어도 오만하지 않을 수 있으며, 낮은 곳에 있어도 비굴하지 않을 수 있다. 그는 깊은 존경심을 갖고 상대편을 대한다.

그래서 탈현대인은 에고[衆人]가 싫어하는 낮은 곳에 즐겨 머문다 [處衆人之所惡]. 에고가 싫어하는 낮은 곳이란, 외적으로 보면 실패와 좌절의 자리이다. 예를 들면 파산, 질병, 낙방, 불명예, 늙음, 죽음 등이 모두 여기에 해당한다. 내적으로 보면, 머물고 싶지 않은 심적인 상태를 가리킨다. 예를 들면 불안, 강박, 우울, 화, 대인기피, 짜증, 증오 등이 여기에 해당한다.

탈현대인은 이런 초라한 나를 자신의 에고의 교만을 치료하는 용도로 사용한다. 또한 이런 다양한 에고의 상처와 고통을 '참나'로 들어가는 좁은 문으로 삼는다. 그러므로 에고가 싫어하는 낮은 곳에 즐겨 머무는 것이다.

탈현대인은 모든 존재에게 이로움을 주며 다투지 않는다[利萬物而不爭]. 탈현대인의 삶은 물과 마찬가지로 서비스로서의 삶이다. 그가 즐겨 머무는 곳은 낮은 곳이며 높은 곳에 도달하기를 추구하지 않는다. 이 때문에 그는 다른 사람과 다툴 일이 없다[夫唯不爭]. 그래서 탈현대 사회에는 경쟁과 갈등이 없다.

탈현대인은 땅처럼 낮은 곳에 거하고[居善地], 마음은 깊은 연못처럼 화평하다[心善淵]. 더불어 하는 이를 따뜻하게 감싸주고[與善仁], 말에는 깊은 믿음이 있다[言善信]. 정치를 하면 잘 다스리고[正善治], 일은 능란하게 처리하며[事善能], 움직임에는 때를 잘 안다[動善時].

낮추기를 잘하는 사회
-善下之

"강과 바다가 능히 모든 골짜기의 임금이 되는 것은 그들 아래
에 있기 때문이다[江海所以能爲百谷王者 以其善下之]." 『노자』 66장

66장에는 '자신을 낮추기를 잘하는 사람[善下之]'이란 구절이 나온
다. '자신을 낮추기를 잘하는 사람'이란 바로 탈현대인의 모습이며, 탈
현대 사회는 '자신을 낮추기를 잘하는 사람'들로 구성된 사회이다.

현대인은 진심으로 자신을 낮출 수 없다. 현대인은 결핍감에 사로잡
혀 있기 때문이다. 현대 인간관은 인간이 자신을 둘러싸고 있는 세계
로부터 근원적으로 분리된 개체라고 인식한다. 인간은 자신을 둘러싸
고 있는 거대한 세계에 맞서 있는 무력하고 무의미한 존재, 즉 보잘것
없는 존재이다. 그래서 이런 존재론적인 무력감과 무의미감을 벗어나
힘 있고 의미 있는 존재가 되고자 하는 것이 현대인의 삶의 주제가 된
다. 자아확장투쟁으로서의 삶이 전개되는 것이다.

그래서 현대인은 끊임없이 자신을 높이려고 한다. 너와 내가 각각 자
신을 높이고자 할 때, 높은 것을 향한 추구는 서로 충돌한다. 그래서
높은 곳에 도달하기 위한 경쟁과 갈등이 첨예화된다. 그 결과 강자가
약자를 잡아먹는 밀림의 세계, 야만의 세계가 펼쳐진다.

현대인은 존재론적인 무력감과 무의미감에 사로잡혀 있고, 그래서 자신을 높이는 일에 안달이 나 있다. 이런 현대인에게 '진정으로 자신을 낮춤'이란 불가능한 과제이다. 그래서 현대인은 겸손할 수 없다. 높은 곳에 올라간 자는 오만의 노예가 되고, 못 올라간 자는 비굴의 노예가 되어, 어떤 경우이건 상처를 주고받는 윤회 속의 삶을 살아갈 뿐이다.

이에 반해서, 탈현대인은 자족의 세계를 살아간다. 그는 자신이 무언가를 덧보태어야만 비로소 가치를 갖게 되는 하잘것없는 존재가 아님을 안다. 탈현대인은 자신이 파도가 아니라 바다임을 안다. 탈현대인은 그가 구름이 아니라 하늘임을 안다. 그래서 탈현대인은 자신이 더 이상 올라갈 곳이 없을 만큼 높은 곳에 이미 도달해 있음을 안다.

그럼에도 불구하고 탈현대인은 오만하지 않다. 어떻게 그럴 수 있는 것일까? 그 이유는 다음과 같다. 자신만이 아니라 존재계의 모든 것이 이미 가장 높은 곳에 도달해 있다. 아기도 젊은이도 노인도, 가난한 사람도 부자도, 못난 사람도 잘난 사람도, 뿐만 아니라 길가에 굴러다니는 돌멩이도, 하늘을 나는 잠자리도, 모두 이미 가장 높은 곳에 도달해 있다. 그들 모두는 하늘이며 바다이다.

그러므로 자신만이 높은 존재가 아니기에 탈현대인은 오만할 수 없다. 자신도 높은 존재이기에 탈현대인은 비굴하지 않다. 탈현대인은 진정 겸손한 사람이며, 이런 탈현대인의 모습을 노자는 '자신을 낮추기를 잘하는 사람'이라고 명명했던 것이다. 탈현대 사회는 '자신을 낮추기를 잘하는 사람들'의 사회이며, 그들은 자신과 세계에 대한 깊은 존경심을 갖고 살아간다.

자공子貢은 어린 시절 가난했고, 어른이 되어서는 거부가 되었다. 그래서 자랑하듯이 스승 공자에게 이렇게 말했다. "(저는 어린 시절) 가난하였으나 아첨하지 않았고, (어른이 되어) 부유하지만 교만하지 않았습니다[貧而無諂 富而無驕]. 이 정도면 어떻습니까[何如]?" 공자께서 이렇게 대답했다. "가하다[可也]. 그러나 가난하면서도 (도를) 즐기고, 부유하면서도 예를 좋아하는 것만은 못하다[未若貧而樂, 富而好禮者也]."

자공이 이른 곳은 도덕적인 차원이다. 공자는 제자가 가난이나 부에 구속받지 않고 도를 즐기는 더 높은 대자유의 경지로 나아가기를 바란 것이다. 현대인의 경우는 자공의 경지에 이르는 것도 어렵다. 그러나 인류가 나아가야 할 새로운 경지는 공자가 말한 대자유의 경지이며, 이것이 또한 노자가 말한 '선하지[善下之]'의 경지이다.

겸겸군자 謙謙君子의 사회
-高者抑之 下者擧之

"하늘의 도는 남는 것을 덜어 모자라는 것을 채우나 사람의 도
는 그와 같지 않아서 모자라는 것을 덜어 남는 것을 떠받든다
[天之道 損有餘而補不足 人之道則不然 損不足以奉有餘]."

『노자』 77장

현대 사회는 사람의 도[人之道]가 지배하는 사회이다. 반면에 탈현
대 사회는 하늘의 도[天之道]를 따르는 사회이다.

현대 사회가 추구하는 목표 중의 하나가 평등이다. 공산주의 이념과
공산사회는 평등의 추구가 빚어낸 역사적인 결과물이다. 공산사회에서
의 평등 추구는 타율적인 것이고 획일적인 것이었다. 그들은 불평등구
조의 상층에 위치해 있는 사람들을 가차 없이 처형하고, 투옥했다.

공산화된 캄보디아에서는 안경을 쓴 사람은 지식인이라고 간주하고
모두 처형했으며, 손이 거칠지 않은 사람은 부르주아라고 해서 모두 처
형했다. 그래서 그들은 평등한 사회를 건설했는가? 그렇지 못했고, 결
국 공산세계는 붕괴했다. 평등이란 잣대를 들이대면, 자본주의사회의
상황은 더 열악하다. T. 피케티Thomas Piketty의 『21세기 자본』을 언급하
지 않더라도 오늘날 전 세계적인 차원에서 불평등은 더 심화되고 있다

[人之道則不然 損不足以奉有餘].

탈현대 사회는 하늘의 도[天之道]가 행해지는 사회이다. 높은 데는 누르고 낮은 데는 들어 올리고 남은 것은 덜고 모자라는 것은 채운다[高者抑之 下者擧之 有餘者損之 不足者補之]. 여기서 중요한 것은 '누가 그렇게 하는가?' 하는 것이다. 이런 일을 행하는 주체는 활을 쏘는 사람, 즉 궁사이다. 그렇다면 누가 궁사인가? 바로 '나 자신'이다. 탈현대 사회에서 평등을 이루어가는 방식은 자율적이다.

어떻게 그런 일이 가능한 것일까? 탈현대 사회의 구성원이 '참나'가 주체가 된 탈현대인이기 때문이다. 그들은 어느 누구도 하찮은 권력이나 부를 추구하지 않는다. 누가 권력을 추구하는가? 무력감에 사로잡힌 사람이다. 현대인 중에서도 권력욕이 강한 사람은 무력감이 유독 강한 사람이다. 예컨대 현대 노인들은 젊은이보다 더 심한 무력감을 느끼며, 그래서 권력욕이 더 강하다.

탈현대인은 어떠한가? 그들에게는 무력감이 전혀 없다. 그러므로 권력이란 어떤 가치도 매력도 없으며, 권력의 추구란 생각할 수조차 없다. 모든 사람이 권력을 추구하지 않으면 어떻게 될까? 평등한 사회가 된다. 이렇게 탈현대 사회에서 권력의 평등은 저절로 이루어진다[高者抑之 下者擧之].

탈현대 사회에서는 부의 평등은 또한 저절로 이루어진다. 자기 밭에서 상추가 먹고 남을 만큼 자라면 이웃집에 나누어주지 썩혀버리지 않는다[有餘者損之]. 저녁 밥상에 상추가 필요한데 우리 집 밭에 상추가 없으면 옆집 밭에 가서 상추를 뜯어온다[不足者補之]. 상추를 곳간에 쌓아놓는다거나 추구한다는 것은 생각조차 할 수 없는 일이다.

탈현대인에게 모든 재화는 유용한 것이기는 하지만 결코 추구의 대상이 되지 않는다. 필요에 따라 가져다 쓰고, 남는 것은 필요한 사람들

에게 나누어준다. 이렇게 탈현대 사회에서 부의 평등은 저절로 이루어
진다. 탈현대 사회에서 평등이란 추구하는 목표가 아니라 자연스러운
기초일 따름이다.

탈현대 사회의 지도자상
-受國之垢

> "나라의 허물을 받아들이는 사람을 일러 사직의 주인이라 하고,
> 나라의 상서롭지 못한 일을 받아들이는 사람을 일러 천하의 왕
> 이라 한다[受國之垢 是謂社稷主 受國之不祥 是謂天下王]."
>
> 『노자』 78장

　이 구절은 바로 탈현대 사회 지도자의 모습을 표상하고 있다. 탈현
대 사회의 지도자는 어떤 모습일까를 생각하다가 관세음보살觀世音菩薩
을 떠올려 본다. 관세음보살은 문자 그대로 세상의 소리를 듣는 보살
이다. 그가 듣는 소리는 어떤 소리일까? 세상이 내는 고통의 소리이다.
사찰에 가보면, 여러 개의 팔을 가진 보살상이 있는데, 팔의 손바닥에
는 모두 눈이 있다. 그래서 관세음보살을 천수천안千手千眼 관세음보살이
라고 부르기도 한다. 세상이 내는 고통의 소리에 귀 기울이는 사람, 그
리고 그들이 필요로 하는 도움을 베풀려고 하는 사람, 이런 사람이야
말로 탈현대 사회의 지도자의 모습이 아닐까 생각해본다.

　현대 사회의 지도자는 견강자堅强者, 단단하고 강한 사람이다. 그는 더 단
단하고 강한 존재가 되어 권력을 쟁취하고 행사하고자 한다. 조카가 다
니는 초등학교 학급에서 반장 선거를 했는데 과반수 학생들이 출마를

했다고 한다. 대학에서 총장 선거를 해도 십여 명의 후보자가 난립하는 것이 보통이다. 대통령 선거도 마찬가지이다. 모든 입후보자들이 공유하고 있는 것은 '똘똘 뭉친 욕심'이다.

정치, 경제, 교육 등 영역을 가리지 않고, 사람들은 어떤 지도자를 원하는가? 지도자를 자처하는 사람들은 무엇으로 지도자로서의 자격을 내세우는가? '능력'이다. 이들이 원하는, 그들이 내세우는 능력이란 무엇인가? 경쟁자들과 싸워 이길 수 있는 능력, 조직을 성장시킬 수 있는 능력 따위이다.

다시 말하자면 사람들이 원하는 지도자상도, 지도자가 내세우는 지도자상도, 모두 '견강자'이다. 견강자들은 이미 단단해져 있고, 약육강식이 팽배해 있는 현대 사회를 더 황폐하게 할 수는 있지만 창조적으로 변화시킬 순 없다. 그들은 시대의 요구에 부응할 수 없는 소외된 지도자이며, 현대 사회의 소외를 더욱 깊게 만들 뿐이다.

그렇다면 이 시대가 지도자에게 요구하는 능력은 무엇인가? '나라의 허물을 (자신의 허물로) 받아들일 수 있는 능력[受國之垢]', '나라의 상서롭지 못한 일을 (자신의 일로) 받아들일 수 있는 능력[受國之不祥]'이다. 이와 같이, 현대 사회의 지도자는 '견강자堅强者'이지만, 탈현대 사회의 지도자는 '유약자柔弱者'이다.

탈현대 사회의 지도자는 한없이 부드럽고, 약하다. 그는 자기 조직이 저지른 허물을 자신의 허물로 받아들이며, 자기 조직이 직면한 상서롭지 못한 일을 자신의 일로 받아들인다. 그는 말하는 지도자가 아니라 듣는 지도자이다. 그는 자기 조직의 구성원들이 내는 모든 신음소리, 고통의 소리에 귀를 기울인다. 그에게는 권력욕이 없다. 그는 이미 가득 차 있어서 '자신의 의지를 다른 사람에게 관철[권력]시킨다'는 일이 어떤 가치도 갖지 않는다.

그는 지극히 겸손하다. 그는 세상의 가장 낮은 곳으로 즐겨 내려가며, 가장 낮은 곳에 있는 그 사람들을 하느님처럼 섬긴다. 그는 사람들이 저지른 어떤 허물도 용서하고 따뜻하게 품어준다. 그의 존재로 인해 이 세상은 더욱 따뜻한 곳으로 바뀌어간다.

그 빛을 부드럽게 해서
티끌과 하나가 되는 사회
-和其光 同其塵

"날카로움을 꺾고 어지러움을 풀며, 빛을 부드럽게 해서 티끌과
하나가 된다[挫其銳 解其紛 和其光 同其塵]."　　　　　　『노자』 4장

에고가 떨어져 나가면, '내가 옳다', '내가 했다' 하는 등의 날카로움
이 꺾이고, 내면의 갈등이 풀린다. 높은 곳에 우뚝 서려 하지 않고, 가
장 낮은 곳으로 내려가 머문다. 이것이 바로 탈현대인의 모습이며, 이
런 사람들로 구성된 사회가 탈현대 사회이다.

현대를 자기 PR 시대라고 한다. 현대인은 자신의 재능, 지식, 외모 등
을 한껏 뽐내고 싶어 한다. 왜 그러는 것일까? 속이 허하기 때문이다.
왜 속이 허할까? 자신을 별 볼 일 없는 초라한 존재라고 여기기 때문
이다.

왜 현대인은 자신을 초라한 존재라고 여길까? 그것은 현대인이 현
대 인간관의 관점에서 자신을 바라보기 때문이다. 현대 인간관의 관점
에서 보면, 나는 한정된 시간과 공간 속에 닫혀 있는 유한한 존재이고,
세계는 나를 마음대로 주물럭거리지만 나는 세계를 어떻게도 할 수 없
는 무력한 존재이며, 거대한 세계 속에서 나는 있으나마나 한 무의미한
존재이기 때문이다.

그래서 우리는 의미 있는 존재가 되기 위해서, 가치 있는 존재가 되기 위해서 필사적인 노력을 기울이게 되며, 자기 PR은 이런 목표에 도달하기 위한 한 가지 방식이다. 그래서 현대인은 강박적으로 자기를 더 높이기 위한 자기 PR에 몰두할 수밖에 없는 것이다.

탈현대 사회에서는 자기 PR을 하지 않는다. 어떻게 그런 것일까? 그럴 필요가 없기 때문이다. 어째서 그럴 필요가 없는 것일까? 탈현대인은 스스로를 의미가 충만해 있는 존재라고 여기기 때문이다.

탈현대인은 왜 자신을 의미가 충만한 존재라고 여길까? 그것은 탈현대인이 탈현대 인간관의 관점에서 자신을 바라보기 때문이다. 탈현대 인간관의 관점에서 보면, 나는 온 우주를 내 안에 품고 있는 위대한 존재이다. 나는 더 이상 올라갈 곳이 없을 만큼 높은 곳에 이미 도달해 있다. 그러므로 자신을 높이기 위한 자기 PR과 같은 노력은 불필요하고 무의미한 일이기 때문이다. 이것은 비유하자면, 거대한 바다인 내가 파도 하나에 애걸복걸하며 매달리면서 나를 높이려는 것과 같이 가당치 않은 일이다. 탈현대인의 눈에 비친 현대인의 삶이 바로 그와 같다.

탈현대인은 자족하기 때문에, 인정과 칭찬을 구걸하지 않는다. 이런 탈현대인의 모습을 잘 그리고 있는 구절이 '그 빛을 부드럽게 해서 티끌과 하나가 된다[和其光 同其塵]'이다. 탈현대인은 자신을 높이려 하지 않는다. 높이려 할 필요가 없기 때문이다. 탈현대인은 자신의 빛을 부드럽게 한다. 끝없이 낮은 곳으로 내려가서 그들과 하나가 된다.

이태석 신부님의 일대기를 담은 〈울지 마 톤즈〉를 보았다. 그는 어떤 힘에 이끌려 의사라는 빛나는 직업을 버리고 신부가 된다. 그리고 사랑하는 어머니와 가족을 떠나 남수단의 톤즈라는 이 세상 가장 낮은 곳을 향한다. 거기서 그는 버림받은 한센병 환자들의 친구가 되고, 전쟁으로 황폐해진 아이들의 마음을 어루만져 준다. '이 세상 가장 낮은 곳에 있는 사람들에게 잘해주는 것이 바로 나에게 잘해주는 것'이라는 예수님의 말씀을 가슴에 품고서…. 그리고 그는 말한다. "그들 속에서 하느님의 모습을 보았노라."

낙오자가 없는 사회
-無棄人

> "성인은 언제나 사람을 잘 구하므로 어느 누구도 버리지 않고, 언제나 물건을 잘 구하여 어느 하나도 버리는 일이 없다[聖人 常善求人 故 無棄人 常善救物 故 無棄物]. 이를 일컬어 밝음을 지녔다고 한다[是謂襲明]."
>
> 『노자』 27장

어떻게 성인은 누구도 어떤 물건도 버리는 일이 없을까? 그것은 이 세상에 쓸모없는 사람이나 물건은 존재하지 않기 때문이다. 성인은 모든 사람이나 물건이 있어야 할 자리를 잘 알기에 어떤 사람도 어떤 물건도 버리지 않는다.

현대 사회는 수많은 낙오자를 양산하는 사회이다. 현대인은 '낙오자가 되는 두려움'을 품고 산다. 대부분의 사람들이 청년기나 장년기에 낙오자가 되지만, 노인이 되면 예외 없이 낙오자가 된다. 그런데 누구나 노인이 된다. 그리고 수명 증가에 따라 낙오자로서 긴 노년기를 보내야 한다.

요즘 대학생들을 대하면 마음이 어두울 때가 많다. 그들은 '이 세상이 필요로 하지 않는 존재가 될지 모른다'는 심한 불안에 시달리고 있다. 그래서 그들은 '이 세상이 필요로 하는 존재가 되기 위해 필사적인 노력'을 기울인다. 엄청난 노력을 기울이지만, 결과는 신통치 않다.

직장인들 역시 큰 불안에 떤다. '승진을 못할까 봐', '고과점수에서 낮은 등급을 받을까 봐', '회사에서 강제 퇴직을 당할까 봐', 전전긍긍하며 살아간다. 그들은 낙오자가 되지 않기 위해 엄청난 노력을 기울이지만, 결과는 역시 신통치 않은 경우가 많다. 자형은 30년 가까이 은행에 근무하며 지점장까지 되었다. 그런데 신문에 '비곗덩이 제거'라는 기사가 났다. 누나는 분개했다. 그러나 자형은 '비곗덩이 제거'의 일환으로 퇴사를 강요당했다.

노인의 경우는 낙오를 불안해하는 것이 아니라 이미 낙오된 사람들이다. 주위를 둘러보면, 구십 노인을 찾는 것이 어렵지 않다. 노인들의 입가엔 웃음기가 없다. 무척 고통스러운 삶을 살아가고 있음을 한눈에 알 수 있다. 노인들은 '자신이 쓸모없는 존재가 되어버렸다'는 생각에 사로잡혀 있다.

경제가 성장하고, 수명이 길어지면 무엇 하겠는가? 현대 사회가 현대인에게 주는 선택은 두 가지 밖에 없다. '낙오자가 되는 두려움을 품고 살 것인가?' 아니면 '낙오자로서의 삶을 살 것인가?'

탈현대 사회에는 낙오자가 없다. 자신이 쓸모없는 존재가 되어버렸다고 생각하는 사람도 없다. 당연히 '낙오자가 되는 두려움'도 '쓸모없는 존재가 될지 모른다는 불안함'도 탈현대 사회에는 없다. 탈현대 사회에는 '낙오자'라던가 '쓸모없는 존재'라는 말 자체가 없다. 탈현대인에게 이런 단어의 의미를 가르쳐준다면, 탈현대인은 고개를 갸우뚱하며 이렇게 생각할 것이다. '어떻게 사람이 쓸모없는 존재가 될 수 있다는 걸까?'

현대 사회에서도 가족 속에서만큼은 사람들이 자신의 자리를 걱정하지 않는다. 가족 내에서는 '낙오되면 어떡하지?'라든가 '잘리면 어떡

하지?' 하는 불안이 없다. 모든 가족원에게는 당당한 자신의 자리가 있다.

이와 마찬가지로 탈현대 사회에서 사람들은 자신의 자리를 당연시한다. 탈현대 사회에는 어떤 사람도 버려지지 않는다[無棄人]. 또한 어떤 물건도 버려지지 않는다[無棄物]. 사람이건 물건이건 모두 자신의 당당한 자리를 갖고 있다. 어떤 결점을 갖고 있는 사람도 탈현대 사회에서는 내처지지 않으며, 따뜻하게 포용된다.

참고 문헌

『老子』.
『莊子』.
『論語』(影印本), 1989, 學民文化社.
『周易』(影印本). 1989, 서울: 學民文化社.
김경수 역주, 『노자역주』, 문사철, 2009.
김학주 옮김, 『노자』, 연암서가, 2011.
남만성 역주, 『老子道德經』, 을유문화사, 1973.
박세당, 김학목 옮김, 『박세당의 노자』, 예문서원, 1999.
이이, 김학목 옮김, 『율곡 이이의 노자』, 예문서원, 2001.
장응철 역해, 『老子의 世界』, 동남풍, 2003.
최재목 역주, 『노자』, 을유문화사, 2006.
홍석주, 김학목 옮김, 『홍석주의 노자』, 예문서원, 2001.
憨山, 오진탁 옮김, 『감산의 老子 풀이』, 서광사, 1990.
王弼, 김시천 역주, 『老子道德經注』, 전통문화연구회, 2017.
_____, 임채우 옮김, 『왕필의 노자』, 예문서원, 1997.
Chan, Wing-tsit, *The Way of Lao Tzu*, Indianapolis: The Bobbs-Merrill Company, Inc., 1963.
Waley, Arthur, *The Way and Its Power*, New York: Grove Press, Inc., 1978.

• 국내 단행본
금장태, 『한국유학의 『노자』 이해』, 서울대학교출판부, 2006.
김경수, 『노자 생명사상의 현대적 담론』, 문사철, 2010.
김기태, 『지금 이대로 완전하다』, 침묵의 향기, 2007.
김영한, 『르네상스의 유토피아 思想』, 탐구당, 1983.
김재범, 『주역사회학』, 예문서원, 2001.
김충열, 『노자강의』, 예문서원, 2004.
김필년, 『동-서문명과 자연과학』, 까치, 1992.
류시화, 『나는 왜 너가 아니고 나인가 - 인디언의 방식으로 세상을 사는 법』, 김영사, 2003.
문현상, 『인간관의 고찰』, 동문사, 1996.

신동준, 『老子論』, 인간사랑, 2007.
유승무, 『불교사회학』, 박종철출판사, 2010.
원정근, 『도가철학의 사유방식』, 법인문화사, 1997.
이강수, 『도가사상의 연구』, 고려대학교 민족문화연구소, 1995.
_____, 『노자와 장자』, 길, 1997.
이동인, 『율곡의 사회개혁사상』, 백천서당, 2004.
이부영, 『노자와 융: 『도덕경』의 분석심리학적 해석』, 한길사, 2012.
이석명, 『노자와 황로학』, 소와당, 2010.
이영찬, 『유교사회학』, 예문서원, 2001.
_____, 『유교사회학의 패러다임과 사회이론』, 예문서원, 2008.
이재룡, 『조선 예의 사상에서 법의 통치까지』, 예문서원, 1995.
이종오, 『후흑학: 노자와 한비자의 제왕학』, 인간사랑, 2010.
이찬훈, 『不二 사상으로 읽는 노자: 서양철학자의 노자 읽기』, 예문서원, 2006.
장순용, 『禪이란 무엇인가-十牛圖의 사상』, 세계사, 1991.
전경갑, 『현대와 탈현대의 사회사상』, 한길사, 1993.
이현지, 『성, 가족, 문화: 다르게 읽기』, 한국문화사, 2004.
_____, 『동양사상과 탈현대의 발견』, 한국학술정보, 2009.
장기수, 『老子思想』, 홍익대학교출판부, 2006.
정문길, 『疎外論 硏究』, 문학과지성사, 1978.
정세근, 『노장철학』, 철학과 현실사, 2002.
정재걸, 『만두모형의 교육관』, 교육신문사, 2001.
_____, 『삶의 완성을 위한 죽음교육』, 지식의날개, 2010.
_____, 『오래된 미래교육』, 살림터, 2010.
정재걸 외, 『동양사상과 탈현대의 죽음』, 계명대학교출판부, 2010.
조민환, 『유학자들이 보는 노장철학』, 예문서원, 1996.
차하순, 『르네상스의 사회와 사상』, 탐구당, 1991.
최봉영, 『한국인의 사회적 성격(1)(2)』, 느티나무, 1994.
최석만 외, 『유교적 사회질서와 문화, 민주주의』, 전남대학교출판부, 2006.
_____, 『탈현대와 유교』, 전남대학교출판부, 2007.
최영진, 『유교사상의 본질과 현재성』, 유교문화연구소, 2002.
한자경, 『일심의 철학』, 서광사, 2002.
홍승표, 『깨달음의 사회학』, 예문서원, 2002.
_____, 『존재의 아름다움』, 예문서원, 2003.
_____, 『동양 사상과 탈현대』, 예문서원, 2005.
_____, 『노인혁명』, 예문서원, 2007.
_____, 『동양 사상과 새로운 유토피아』, 계명대학교출판부, 2010.

_____,『동양 사상과 탈현대적 삶』, 계명대학교출판부, 2011.

_____,『주역과 탈현대 문명』, 문사철, 2014.

홍승표 외,『동양 사상과 탈현대의 여가』, 계명대학교출판부, 2006.

_____,『한국전통사상과 새로운 노동관』, 계명대학교출판부, 2010.

• 국내 논문

김기,「장자 수양론의 구조적 특성 연구-노자의 복귀(復歸)사상과 관련하여」,『유학연구』 40: 279-306, 2017.

김기현,「인간존재(人間存在)의 확장론(擴張論)」,『中國哲學』 3(1): 39-64, 1992.

김용수,「'웰빙'(Wellbeing)과 도교 '양생'(道敎 養生)」, 대한철학회 2005 봄 학술대회: 33-49, 2005.

김윤경,「도가의 유토피아-조선후기 및 일제강점기, '소국과민'과 '무하유지향'에 대한 이해-」,『동양철학연구』 89: 171-190, 2017.

김재범,「주역의 인식원리의 사회학방법론적 함의」, 경북대학교 사회학과 박사학위논문, 1997.

_____,「동서사상의 비교를 위한 인식 준거」,『東洋社會思想』 제1집: 105-132, 1998.

김현수,「도가철학에 근거한 노인 인성교육 프로그램 개발을 위한 이론적 고찰-노인의 소외 문제 해결을 중심으로-」,『시민인문학』 27: 76-106, 2014.

박승현,「노자철학과 마음 치유-현대인의 마음의 병에 대한 노자 철학적 접근」,『중국학보』 72: 311-328, 2015.

백진호,「양명의 죽음관」,『원불교사상과 종교문화』 44: 317-353, 2010.

신종화,「현대 사회와 여가」, 홍승표 외,『동양사상과 탈현대의 여가』, 계명대학교출판부, pp. 19-44, 2006.

심귀득,「주역에서 음양의 조화에 관한 연구-음의 관점에서」,『한국여성철학』 4: 1-21, 2004.

양승권,「노자(老子)의 내재화된 '도(道)' 범주와 칼 융(C.G.Jung)의 '자기(Self)'」,『동양철학연구』 76: 157-191, 2013.

오병무,「장자의「소요유」에 관하여-천인합일이 어떻게 가능한가?」,『순천대학교 논문집』 3: 491-504, 1984.

오세근,「공자의 인과 예사상의 현대 평화이념으로서 독해 가능성에 관한 연구」,『東洋社會思想』 10: 127-169, 2004.

_____,「유교 학문론·공부론의 탈근대학문 언어체계로의 적용 가능성에 관한 연구」,『東洋社會思想』 13: 53-91, 2006.

윤원근,「사회학, 질서의 문제 그리고 세계관(1)」,『현상과 인식』 23권 3호: 35-54, 1999.

이동인,「이이 사회사상의 철학적 기초」,『東洋社會思想』, 3: 237-263, 2000.

이동일,「노자와 포스트모더니즘의 비교: 이성과 진리에 관하여」,『東洋社會思想』 1:

225-253, 1998.

이승연, 「'개(個)'와 '가(家)'」, 『東洋社會思想』 3: 179-209, 2000.

이윤갑, 「현대의 문명사적 위기와 새로운 선택-탈중심적 삶의 방식과 등가적 소통체계의 구성」, 『民族文化論叢』 26: 187-234, 2002.

이재권, 「노자의 현실비판 사상」, 『동서철학연구』 83: 43-71, 2017.

이재룡, 「주역 송괘(訟卦)를 통해 살펴본 서주(西周) 시대의 소송」, 『법철학연구』 9(1), 2006.

이진경, 「노자, 모성의 정치를 꿈꾸다」, 『동서철학연구』 66: 59-90, 2012.

이현지, 「음양론의 여성학적 함의」, 『東洋社會思想』 4: 255-275, 2001.

_____, 「동양사회사상과 새로운 세계관의 모색」, 『東洋社會思想』 16: 15-32, 2007.

_____, 「동양사상의 관점에서 본 한국 노인복지의 현주소」, 『東洋社會思想』 22: 145-174, 2010.

_____, 「탈현대적 가정교육을 위한 제언-『주역』을 바탕으로」, 『교육철학』 41: 155-177, 2010.

_____, 「한국사회의 가족문제와 『주역』의 해법」, 『한국학논집』 42: 207-226, 2011.

_____, 「새로운 가족이론 구성을 위한 시론-『주역』을 바탕으로」, 『東洋社會思想』 24: 97-127, 2011.

_____, 「『논어』에서의 덕(德), 도(道) 그리고 마음공부의 탈현대적 함의」, 『東洋社會思想』 26: 5-32, 2012.

_____, 「공자의 교육적 인간상과 탈현대적 함의」, 『사회사상과 문화』 29: 169-196, 2014.

이현지·이기홍, 「『논어』의 중용사상과 마음공부」, 『東洋社會思想』 25: 35-57, 2012.

장윤수, 「자유의 스승 장자」, 『동양사회사상』 제3집: 265-291, 2000.

장회익, 「우주생명과 현대인의 암세포적 기능」, 김종철 편, 『녹색평론선집 1』, pp. 115-133, 녹색평론사, 1993.

정승안, 「관광의 의미에 대한 주역사회학적 접근」, 『東洋社會思想』 26: 235-262, 2012.

정재걸, 「신자유주의와 전통적 자유의 개념」, 『중등우리교육』 102: 40-45, 1998.

_____, 「유가 교육 사상의 탈근대적 의미」, 『東洋社會思想』 2: 127-162, 1999.

_____, 「복기초(復其初)의 의미에 대한 일 고찰」, 『東洋社會思想』 11: 35-57, 2005.

_____, 「나는 누구인가?: '唯識 30頌'의 경우」, 『교육철학』 32: 245-273, 2007.

_____, 「노인을 위한 죽음준비교육 프로그램 개발 연구」, 『東洋社會思想』 16: 197-236, 2007.

_____, 「불교와 죽음 그리고 죽음교육」, 『東洋哲學研究』 55: 105-136, 2008.

_____, 「한국 전통사상과 수행과 낙도로서의 노동」, 『한국학논집』 38: 145-169, 2009.

조재형, 「현대 인간중심주의에 대한 노자(老子) 도덕경(道德經)의 함의: 소유, 자유의 문제를 중심으로」, 『국정관리연구』 10(2): 1-25, 2015.

최봉영, 「'사회' 개념에 전제된 개체와 전체의 관계와 유형」, 『東洋社會思想』 1: 79-104, 1998.

_____, 「성리학적 인간관과 인본주의」, 『東洋社會思想』 2: 31-77, 1999.

_____, 「21세기와 문화 디자인」, 『문화와 사람』 제2집: 11-46, 2000.

최석만, 「사회윤리로서의 합리주의와 유교의 비교」, 『東洋社會思想』 1: 133-160, 1998.

_____, 「유교사상과 민주주의의 접합을 위한 이론 구성 및 방법론」, 『東洋社會思想』 2: 5-29, 1999.

_____, 「공(公)과 사(私)」, 『東洋社會思想』 5: 5-21, 2002.

최영진, 「주역의 자연관과 인간관에 대한 체계적 구성」, 『철학과 현실』 9: 320-324, 1991.

홍승표, 「다툼의 문제에 대한 노자의 견해」, 『사회연구』 2: 17-31, 1993.

_____, 「對待的 對立觀의 탈현대적 의미」, 『철학논총』 40(2): 389-404, 2005.

_____, 「수행과 낙도로서의 여가」, 홍승표 외, 『동양사상과 탈현대의 여가』, 계명대학교출판부, 2006.

_____, 「유교사상을 통해 본 다문화사회」, 『철학연구』 107: 19-89, 2008.

_____, 「동양 사상과 수행과 낙도로서의 블랙잭」, 『여가학연구』 6(2): 15-30, 2008.

_____, 「동양 사상과 탈현대 대안사회의 구성」, 『東洋社會思想』 17: 59-84, 2008.

_____, 「통일체적 세계관과 인간적 노동의 구현」, 『東洋社會思想』 19: 5-20, 2009.

_____, 「노자사상과 새로운 노인상」, 한국사회학회, 2010.

_____, 「동양 사상과 새로운 소외론」, 『동양사회사상』 23: 221-248, 2011.

_____, 「동양 사상과 존재 혁명」, 『철학논총』 63(1): 145-162, 2011.

_____, 「노자(老子)의 이상적인 인간상과 새로운 노인상」, 『東洋哲學硏究』 66: 155-177, 2011.

_____, 「노자(老子)의 도(道)와 마음공부」, 『사회사상과 문화』 26: 59-80, 2012.

_____, 「노자와 탈현대 사회의 비전」, 『사회사상과 문화』 18(2): 97-115, 2015.

• 서양 문헌

Bolen, Jean Shinoda, 이은봉 옮김, 『道와 人間心理』, 집문당, 1994.

Capra, Fritjof, 이성범·구윤서 옮김, 『새로운 科學과 文明의 轉換』, 범양사출판부, 1985.

_____, 이성범·김용정 옮김, 『현대물리학과 동양사상』, 범양사출판부, 1989.

Guy Corneau, Guy, 김성희 옮김, 『생의 마지막 순간, 마주하게 되는 것들』, 샘앤파커스, 2012.

Dostoevskii, Fyodor Mikhailovich, 이적 옮김, 『까라마조프씨네 형제들』, 열린책들, 2009.

Eckhart, Meister, 이민재 옮김, 『마이스터 에크하르트 1·2』, 다산글방, 1994.

Emerson, Ralph Waldo, 이창배 옮김, 『에머슨 隨想錄』, 서문당, 1973.

Johnston, William, 이원석 옮김, 『禪과 기독교 신비주의』, 대원정사, 1993.

Kornfield, Jack, 이균형 옮김, 『깨달음 이후 빨랫감』, 한문화, 2011.

Plato, 최현 옮김, 『소크라테스의 변명』, 집문당, 2010.

Sartre, Jean Pau, 양원달 옮김, 『存在와 無』, 을유문화사, 1968.

Thich, Nhat Hanh, *Being Peace*, Berkeley, California: Parallax Press, 1987.

_____, *Present Moment Wonderful Moment*, California: Parallax Press, 1990.

_____, 오강남 옮김, 『귀향』, 모색, 2001.

_____, 류시화 옮김, 『마음을 멈추고 다만 바라보라』, 꿈꾸는 돌, 2002.

_____, 허문명 옮김, 『죽음도 없이 두려움도 없이』, 나무심는사람, 2003.

_____, 진현종 옮김, 『아! 붓다』, 반디미디어, 2004.

Tolle, Eckhart, 류시화 옮김, 『Now』, 조화로운 삶, 2008.

_____, 노혜숙·유영일 옮김, 『지금 이 순간을 살아라』, 양문, 2008.

Trigg, Roger, *Ideas of Human Nature: An Historical Introduction*, Oxford, UK: Basil Blackwell, 1988.

von Franz, M. L., 「個性化 過程」, Jung, Carl G. 편, 이부영 외 옮김, 『人間과 無意識의 象徵』, pp. 164-239, 집문당, 1983.

Westby, David L., *The Growth of Sociological Theory: Human Nature, Knowledge, and Social Change*, New Jersey: Prentice Hall, 1991.

Yuanxiang, Xu and Yin Yongjian, *Lao Tzu: the eternal Tao te ching*, Ancient Sages of China, 2007.

•중국과 일본 문헌

勞思光, 정인재 옮김, 『中國哲學史』, 탐구당, 1987.

牟宗三, 임수무 옮김, 『모종삼 교수의 노자철학 강의』, 서광사, 2011.

蒙培元, 『中國哲學主體思惟』, 北京: 東方出版社, 1993.

_____, 이상선 옮김, 『中國心性論』, 법인문화사, 1996.

徐復觀, 유일환 옮김, 『중국인성론사(선진편)』, 을유문화사, 1995.

守屋洋, 『노자의 인간학: 중국편』, 청어람, 2005.

楊的, 노승현 옮김, 『동서인간론의 충돌』, 백의, 1997.

汪涌豪, 이성희 옮김, 『유쾌한 노자, 현대인과 소통하다』, 베이직북스, 2011.

陳鼓應, 최진석 옮김, 『老莊新論』, 소나무, 1997.

馮寓, 김갑수 옮김, 『천인관계론』, 신지서원, 1993.

삶의 행복을 꿈꾸는 교육은
어디에서 오는가?

미래 100년을 향한 새로운 교육

▶ 교육혁명을 앞당기는 배움책 이야기
혁신교육의 철학과 잉걸진 미래를 만나다!

한국교육연구네트워크 총서

01 핀란드 교육혁명
한국교육연구네트워크 엮음 | 320쪽 | 값 15,000원

02 일제고사를 넘어서
한국교육연구네트워크 엮음 | 284쪽 | 값 13,000원

03 새로운 사회를 여는 교육혁명
한국교육연구네트워크 엮음 | 380쪽 | 값 17,000원

04 교장제도 혁명
한국교육연구네트워크 엮음 | 268쪽 | 값 14,000원

05 새로운 사회를 여는 교육자치 혁명
한국교육연구네트워크 엮음 | 312쪽 | 값 15,000원

06 혁신학교에 대한 교육학적 성찰
한국교육연구네트워크 엮음 | 308쪽 | 값 15,000원

혁신학교
성열관·이순철 지음 | 224쪽 | 값 12,000원

행복한 혁신학교 만들기
초등교육과정연구모임 지음 | 264쪽 | 값 13,000원

서울형 혁신학교 이야기
이부영 지음 | 320쪽 | 값 15,000원

혁신교육, 철학을 만나다
브렌트 데이비스·데니스 수마라 지음
현인철·서용선 옮김 | 304쪽 | 값 15,000원

혁신교육 존 듀이에게 묻다
서용선 지음 | 292쪽 | 값 14,000원

다시 읽는 조선 교육사
이만규 지음 | 750쪽 | 값 33,000원

대한민국 교육혁명
교육혁명공동행동 연구위원회 지음 | 224쪽 | 값 12,000원

한국교육연구네트워크 번역 총서

01 프레이리와 교육
존 엘리아스 지음 | 한국교육연구네트워크 옮김
276쪽 | 값 14,000원

02 교육은 사회를 바꿀 수 있을까?
마이클 애플 지음 | 강희룡·김선우·박원순·이형빈 옮김
352쪽 | 값 16,000원

**03 비판적 페다고지는
세상을 변화시킬 수 있는가?**
Seewha Cho 지음 | 심성보·조시화 옮김 | 280쪽 | 값 14,000원

04 마이클 애플의 민주학교
마이클 애플·제임스 빈 엮음 | 강희룡 옮김 | 276쪽 | 값 14,000원

05 21세기 교육과 민주주의
넬 나딩스 지음 | 심성보 옮김 | 392쪽 | 값 18,000원

**06 세계교육개혁:
민영화 우선인가 공적 투자 강화인가?**
린다 달링-해먼드 외 지음 | 심성보 외 옮김 | 408쪽 | 값 21,000원

대한민국 교사, 어떻게 가르칠 것인가?
윤성관 지음 | 320쪽 | 값 15,000원

아이들을 어떻게 가르칠 것인가
사토 마나부 지음 | 박찬영 옮김 | 232쪽 | 값 13,000원

아이들의 배움은 어떻게 깊어지는가
이시이 준지 지음 | 방지현·이창희 옮김 | 200쪽 | 값 11,000원

모두를 위한 국제이해교육
한국국제이해교육학회 지음 | 364쪽 | 값 16,000원

경쟁을 넘어 발달 교육으로
현광일 지음 | 288쪽 | 값 14,000원

독일 교육, 왜 강한가?
박성희 지음 | 324쪽 | 값 15,000원

핀란드 교육의 기적
한넬레 니에미 외 엮음 | 장수명 외 옮김 | 452쪽 | 값 23,000원

▶ 비고츠키 선집 시리즈
발달과 협력의 교육학 어떻게 읽을 것인가?

생각과 말
레프 세묘노비치 비고츠키 지음
배희철·김용호·D. 켈로그 옮김 | 690쪽 | 값 33,000원

성장과 분화
L.S. 비고츠키 지음 | 비고츠키 연구회 옮김
308쪽 | 값 15,000원

도구와 기호
비고츠키·루리야 지음 | 비고츠키 연구회 옮김
336쪽 | 값 16,000원

의식과 숙달
L.S 비고츠키 | 비고츠키 연구회 옮김
348쪽 | 값 17,000원

어린이 자기행동숙달의 역사와 발달 Ⅰ
L.S. 비고츠키 지음 | 비고츠키 연구회 옮김
564쪽 | 값 28,000원

관계의 교육학, 비고츠키
진보교육연구소 비고츠키교육학실천연구모임 지음
300쪽 | 값 15,000원

어린이 자기행동숙달의 역사와 발달 Ⅱ
L.S. 비고츠키 지음 | 비고츠키 연구회 옮김
552쪽 | 값 28,000원

비고츠키 생각과 말 쉽게 읽기
진보교육연구소 비고츠키교육학실천연구모임 지음
316쪽 | 값 15,000원

어린이의 상상과 창조
L.S. 비고츠키 지음 | 비고츠키 연구회 옮김
280쪽 | 값 15,000원

비고츠키와 인지 발달의 비밀
A.R. 루리야 지음 | 배희철 옮김 | 280쪽 | 값 15,000원

연령과 위기
L.S. 비고츠키 지음 | 비고츠키 연구회 옮김
336쪽 | 값 17,000원

수업과 수업 사이
비고츠키 연구회 지음 | 196쪽 | 값 12,000원

▶ 창의적인 협력수업을 지향하는 삶이 있는 국어 교실
우리말 글을 배우며 세상을 배운다

중학교 국어 수업 어떻게 할 것인가?
김미경 지음 | 340쪽 | 값 15,000원

이야기 꽃 1
박용성 엮어 지음 | 276쪽 | 값 9,800원

토론의 숲에서 나를 만나다
명혜정 엮음 | 312쪽 | 값 15,000원

이야기 꽃 2
박용성 엮어 지음 | 294쪽 | 값 13,000원

토닥토닥 토론해요
명혜정·이명선·조선미 엮음 | 288쪽 | 값 15,000원

인문학의 숲을 거니는 토론 수업
순천국어교사모임 엮음 | 308쪽 | 값 15,000원

어린이와 시
오인태 지음 | 192쪽 | 값 12,000원

수업, 슬로리딩과 함께
박경숙·강슬기·김정욱·장소현·강민정·전혜림·이혜민 지음
268쪽 | 값 15,000원

▶ 평화샘 프로젝트 매뉴얼 시리즈
학교 폭력에 대한 근본적인 예방과 대책을 찾는다

학교 폭력 어떻게 만들어지는가
문재현 외 지음 | 300쪽 | 값 14,000원

아이들을 살리는 동네
문재현·신동명·김수동 지음 | 204쪽 | 값 10,000원

학교 폭력, 멈춰!
문재현 외 지음 | 348쪽 | 값 15,000원

평화! 행복한 학교의 시작
문재현 외 지음 | 252쪽 | 값 12,000원

왕따, 이렇게 해결할 수 있다
문재현 외 지음 | 236쪽 | 값 12,000원

마을에 배움의 길이 있다
문재현 지음 | 208쪽 | 값 10,000원

젊은 부모를 위한 백만 년의 육아 슬기
문재현 지음 | 248쪽 | 값 13,000원

별자리, 인류의 이야기 주머니
문재현·문한뫼 지음 | 444쪽 | 값 20,000원

▶ 4·16, 질문이 있는 교실 마주이야기
통합수업으로 혁신교육과정을 재구성하다!

통하는 공부
김태호·김형우·이경석·심우근·허진만 지음
324쪽 | 값 15,000원

내일 수업 어떻게 하지?
아이함께 지음 | 300쪽 | 값 15,000원
2015 세종도서 교양부문

인간 회복의 교육
성래운 지음 | 260쪽 | 값 13,000원

교과서 너머 교육과정 마주하기
이윤미 외 지음 | 368쪽 | 값 17,000원

수업 고수들 수업·교육과정·평가를 말하다
박현숙 외 지음 | 368쪽 | 값 17,000원

도덕 수업, 책으로 묻고 윤리로 답하다
울산도덕교사모임 지음 | 320쪽 | 값 15,000원

체육 교사, 수업을 말하다
전용진 지음 | 304쪽 | 값 15,000원

교실을 위한 프레이리
아이러 쇼어 엮음 | 사람대사람 옮김 | 412쪽 | 값 18,000원

마을교육공동체란 무엇인가?
서용선 외 지음 | 360쪽 | 값 17,000원

학교생활기록부를 디자인하라
박용성 지음 | 268쪽 | 값 14,000원

교사, 학교를 바꾸다
정진화 지음 | 372쪽 | 값 17,000원

함께 배움
학생 주도 배움 중심 수업 이렇게 한다
니시카와 준 지음 | 백경석 옮김 | 280쪽 | 값 15,000원

공교육은 왜?
홍섭근 지음 | 352쪽 | 값 16,000원

자기혁신과 공동의 성장을 위한
교사들의 필리버스터
윤양수·원종희·장군·조성삼 지음 | 280쪽 | 값 14,000원

함께 배움 이렇게 시작한다
니시카와 준 지음 | 백경석 옮김 | 196쪽 | 값 12,000원

함께 배움 교사의 말하기
니시카와 준 지음 | 백경석 옮김 | 188쪽 | 값 12,000원

미래교육의 열쇠, 창의적 문화교육
심광현·노명우·강정석 지음 | 368쪽 | 값 16,000원

주제통합수업, 아이들을 수업의 주인공으로!
이윤미 외 지음 | 392쪽 | 값 17,000원

수업과 교육의 지평을 확장하는 수업 비평
윤양수 지음 | 316쪽 | 값 15,000원
2014 문화체육관광부 우수교양도서

교사, 선생이 되다
김태은 외 지음 | 260쪽 | 값 13,000원

교사의 전문성, 어떻게 만들어지나
국제교원노조연맹 보고서 | 김석규 옮김 392쪽 | 값 17,000원

수업의 정치
윤양수·원종희·장군 지음 | 280쪽 | 값 14,000원

학교협동조합,
현장체험학습과 마을교육공동체를 잇다
주수원 외 지음 | 296쪽 | 값 15,000원

거꾸로교실,
잠자는 아이들을 깨우는 수업의 비밀
이민경 지음 | 280쪽 | 값 14,000원

교사는 무엇으로 사는가
정은균 지음 | 292쪽 | 값 15,000원

마음의 힘을 기르는 감성수업
조선미 외 지음 | 300쪽 | 값 15,000원

작은 학교 아이들
지경준 엮음 | 376쪽 | 값 17,000원

감성 지휘자, 우리 선생님
박종국 지음 | 308쪽 | 값 15,000원

대한민국 입시혁명
참교육연구소 입시연구팀 지음 | 220쪽 | 값 12,000원

교사를 세우는 교육과정
박승열 지음 | 312쪽 | 값 15,000원

전국 17명 교육감들과 나눈
교육 대담
최창의 대담·기록 | 272쪽 | 값 15,000원

들뢰즈와 가타리를 통해
유아교육 읽기
리세롯 마리엣 올슨 지음 | 이연선 외 옮김 | 328쪽 | 값 17,000원

교육과정 통합, 어떻게 할 것인가?
성열관 외 지음 | 192쪽 | 값 13,000원

 동양사상에게 인공지능 시대를 묻다
홍승표 외 지음 | 260쪽 | 값 15,000원

 학교 혁신의 길, 아이들에게 묻다
남궁상운 외 지음 | 268쪽 | 값 15,000원

 프레이리의 사상과 실천
사람대사람 지음 | 352쪽 | 값 18,000원

 혁신학교, 한국 교육의 미래를 열다
송순재 외 지음 | 608쪽 | 값 30,000원

 페다고지를 위하여
프레네의 『페다고지 불변요소』 읽기
박찬영 지음 | 296쪽 | 값 15,000원

 노자와 탈현대 문명
홍승표 지음 | 284쪽 | 값 15,000원

 학교 민주주의의 불한당들
정은균 지음 | 276쪽 | 값 14,000원

 교육과정, 수업, 평가의 일체화
리사 카터 지음 | 박승열 외 옮김 | 196쪽 | 값 13,000원

 학교를 개선하는 교장
지속가능한 학교 혁신을 위한 실천 전략
마이클 풀란 지음 | 서동연·정효준 옮김 | 216쪽 | 값 13,000원

 공자뎐, 논어는 이것이다
유문상 지음 | 392쪽 | 값 18,000원

 교사와 부모를 위한
발달교육이란 무엇인가?
현광일 지음 | 380쪽 | 값 18,000원

 교사, 이오덕에게 길을 묻다
이무완 지음 | 328쪽 | 값 15,000원

 낙오자 없는 스웨덴 교육
레이프 스트란드베리 지음 | 변광수 옮김 | 208쪽 | 값 13,000원

▶ 교과서 밖에서 만나는 역사 교실
상식이 통하는 살아 있는 역사를 만나다

 전봉준과 동학농민혁명
조광환 지음 | 336쪽 | 값 15,000원

 남도의 기억을 걷다
노성태 지음 | 344쪽 | 값 14,000원

 응답하라 한국사 1·2
김은석 지음 | 356쪽·368쪽 | 각권 값 15,000원

 즐거운 국사수업 32강
김남선 지음 | 280쪽 | 값 11,000원

 즐거운 세계사 수업
김은석 지음 | 328쪽 | 값 13,000원

 강화도의 기억을 걷다
최보길 지음 | 276쪽 | 값 14,000원

 광주의 기억을 걷다
노성태 지음 | 348쪽 | 값 15,000원

 교과서 밖에서 배우는 역사 공부
정은교 지음 | 292쪽 | 값 14,000원

 팔만대장경도 모르면 빨래판이다
전병철 지음 | 360쪽 | 값 16,000원

 빨래판도 잘 보면 팔만대장경이다
전병철 지음 | 360쪽 | 값 16,000원

 영화는 역사다
강성률 지음 | 288쪽 | 값 13,000원

 친일 영화의 해부학
강성률 지음 | 264쪽 | 값 15,000원

 한국 고대사의 비밀
김은석 지음 | 304쪽 | 값 13,000원

 조선족 근현대 교육사
정미량 지음 | 320쪽 | 값 15,000원

선생님도 궁금해하는
한국사의 비밀 20가지
김은석 지음 | 312쪽 | 값 15,000원

 걸림돌
키르스텐 세롭-빌펠트 지음 | 문봉애 옮김
248쪽 | 값 13,000원

 역사수업을 부탁해
열 사람의 한 걸음 지음 | 388쪽 | 값 18,000원

 진실과 거짓, 인물 한국사
하성환 지음 | 400쪽 | 값 18,000원

 다시 읽는 조선근대교육의 사상과 운동
윤건차 지음 | 이명실·심성보 옮김 | 516쪽 | 값 25,000원

 음악과 함께 떠나는 세계의 혁명 이야기
조광환 지음 | 292쪽 | 값 15,000원

 논쟁으로 보는 일본 근대교육의 역사
이명실 지음 | 324쪽 | 값 17,000원

▶ 더불어 사는 정의로운 세상을 여는 인문사회과학
사람의 존엄과 평등의 가치를 배운다

 밥상혁명
강양구·강이현 지음 | 298쪽 | 값 13,800원

 도덕 교과서 무엇이 문제인가?
김대용 지음 | 272쪽 | 값 14,000원

 자율주의와 진보교육
조엘 스프링 지음 | 심성보 옮김 | 320쪽 | 값 15,000원

 민주화 이후의 공동체 교육
심성보 지음 | 392쪽 | 값 15,000원
2009 문화체육관광부 우수학술도서

 갈등을 넘어 협력 사회로
이창언·오수길·유문종·신윤관 지음 | 280쪽 | 값 15,000원

 동양사상과 마음교육
정재걸 외 지음 | 356쪽 | 값 16,000원
2015 세종도서 학술부문

 교과서 밖에서 배우는 철학 공부
정은교 지음 | 280쪽 | 값 14,000원

 교과서 밖에서 배우는 사회 공부
정은교 지음 | 304쪽 | 값 15,000원

 교과서 밖에서 배우는 윤리 공부
정은교 지음 | 292쪽 | 값 15,000원

 한글 혁명
김슬옹 지음 | 388쪽 | 값 18,000원

 **좌우지간 인권이다**
안경환 지음 | 288쪽 | 값 13,000원

 민주시민교육
심성보 지음 | 544쪽 | 값 25,000원

 민주시민을 위한 도덕교육
심성보 지음 | 500쪽 | 값 25,000원
2015 세종도서 학술부문

 교과서 밖에서 배우는 인문학 공부
정은교 지음 | 280쪽 | 값 13,000원

 오래된 미래교육
정재걸 지음 | 392쪽 | 값 18,000원

 대한민국 의료혁명
전국보건의료산업노동조합 엮음 | 548쪽 | 값 25,000원

 교과서 밖에서 배우는 고전 공부
정은교 지음 | 288쪽 | 값 14,000원

 전체 안의 전체 사고 속의 사고
김우창의 인문학을 읽다
현광일 지음 | 320쪽 | 값 15,000원

 카스트로, 종교를 말하다
피델 카스트로·프레이 베토 대담 | 조세종 옮김
420쪽 | 값 21,000원

교사와 부모를 위한 비고츠키 교육학
카르포프 지음 | 실천교사번역팀 옮김 | 308쪽 | 값 15,000원

▶ 살림터 참교육 문예 시리즈
영혼이 있는 삶을 가르치는 온 선생님을 만나다!

꽃보다 귀한 우리 아이는
조재도 지음 | 244쪽 | 값 12,000원

성깔 있는 나무들
최은숙 지음 | 244쪽 | 값 12,000원

아이들에게 세상을 배웠네
명혜정 지음 | 240쪽 | 값 12,000원

밥상에서 세상으로
김흥숙 지음 | 280쪽 | 값 13,000원

선생님이 먼저 때렸는데요
강병철 지음 | 248쪽 | 값 12,000원

서울 여자, 시골 선생님 되다
조경선 지음 | 252쪽 | 값 12,000원

행복한 창의 교육
최창의 지음 | 328쪽 | 값 15,000원

북유럽 교육 기행
정애경 외 14인 지음 | 288쪽 | 값 14,000원

▶ 남북이 하나 되는 두물머리 평화교육
분단 극복을 위한 치열한 배움과 실천을 만나다

10년 후 통일
정동영·지승호 지음 | 328쪽 | 값 15,000원

분단시대의 통일교육
성래운 지음 | 428쪽 | 값 18,000원

선생님, 통일이 뭐예요?
정경호 지음 | 252쪽 | 값 13,000원

김창환 교수의 DMZ 지리 이야기
김창환 지음 | 264쪽 | 값 15,000원

▶ 출간 예정